市场化运作与农业新技术推广

张熠婧　著

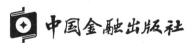

中国金融出版社

责任编辑：曹亚豪
责任校对：李俊英
责任印制：丁淮宾

图书在版编目（CIP）数据

市场化运作与农业新技术推广/张熠婧著．—北京：中国金融出版社，2018.12
ISBN 978 - 7 - 5049 - 9756 - 2

Ⅰ．①市…　Ⅱ．①张…　Ⅲ．①农业科技推广—市场体系建设—中国
Ⅳ．①F324.3

中国版本图书馆 CIP 数据核字（2018）第 217401 号

出版
发行　中国金融出版社

社址　北京市丰台区益泽路 2 号
市场开发部　（010）63266347，63805472，63439533（传真）
网上书店　http：//www.chinafph.com
　　　　　　（010）63286832，63365686（传真）
读者服务部　（010）66070833，62568380
邮编　100071
经销　新华书店
印刷　保利达印务有限公司
尺寸　169 毫米×239 毫米
印张　11.25
字数　200 千
版次　2018 年 12 月第 1 版
印次　2018 年 12 月第 1 次印刷
定价　32.00 元
ISBN 978 - 7 - 5049 - 9756 - 2
如出现印装错误本社负责调换　联系电话(010)63263947

摘　要

稻米是我国最重要的粮食作物，是 60% 人口的主粮，确保稻米的有效供给是我国政府有关粮食安全问题的基本政策。虽然我国稻米目前能够实现自给，但确保国内稻米中长期供需平衡的压力却逐渐加大。常规水稻生产技术发展遇到瓶颈，且农药化肥过度施用导致水稻生产成本飙升、生态环境恶化，对农民和消费者身体健康也造成了损害。Bt 转基因水稻的大田试验数据显示，转基因水稻能够显著降低农药施用量和水稻生产用工量。可以预见，转基因水稻将会成为解决 21 世纪我国稻米自给的最有力工具。2009 年底，农业部对两个转基因水稻品种发放了安全生产证书，表明我国政府将转基因水稻的商业化种植纳入了发展议程。然而，安全生产证书的发放却引起了广泛的争论。迫于多方争论的压力，我国政府至今尚未对转基因水稻的商业化进行后续的推进。本文正是以这个问题为出发点，试图分析政府管理、媒体信息和消费者态度对我国转基因水稻商业化发展产生的影响，从而为我国制定农业转基因技术及食品发展、管理政策提供参考依据。

本文基于利益相关者理论、新闻传播理论和消费者行为理论，以政府转基因生物安全管理、媒体转基因相关报道和消费者对转基因大米的接受意愿作为研究内容，通过实地调研、专家访谈获取相关数据，综合运用多元有序 Logit 模型、二元 Logistic 模型、区间删失（Interval Censored）模型、内容分析法等多种方法开展分析研究，本文的主要研究结论如下：

（1）我国政府历来重视转基因技术的研发与应用，并将其放在增强国际竞争力和产业分工的重大发展战略高度上。加强转基因生物安全监管是我国政府一贯的政策。但 2001 年以来我国政府对转基因技术的发展战略由积极推进转变为了谨慎推行，在一定程度上减缓了转基因生物技术产业发展的步伐。监管法规上存在法律强制力不足，安全评价程序设置烦琐、重复，监管工作在执行过程中存在转基因食品标识制度不合理、标识目录不全面且执行情况不理想、安全监管过程缺乏透明度、安全监管事件时有发生等问题，造成消费者对转基因生物安全的猜忌和质疑，导致了消费者群体恐慌，甚至引起了政府信任危机，不利于转基因水稻的商业化发展。

（2）媒体对转基因技术及食品的科普宣传不足，正面宣传不够。虽然以《人民日报》和《科技日报》为代表的官方媒体均是以正面报道为主，但是受众面更广的都市类报纸如《南方周末》对转基因技术及食品的报道却以负面为主。这种媒体信息传播的格局使消费者很难对信息做出理性的判断，不利于公众对转基因技术及食品形成客观认识，进而影响其购买决策。

（3）消费者对转基因大米的接受程度不高，且十年来有明显的下降趋势。消费者对转基因技术及食品的认知水平十年间虽然有一定程度的提高，但多数消费者对转基因技术的了解不够深入，对转基因技术和食品的态度建立在有限的知识水平上。消费者对转基因大米的支付意愿偏低，对转基因水稻正反两方面信息中的负面信息反应强烈。信息内容的优缺点排列顺序显著增加消费者的支付意愿。

Abstract

Rice is the most important food crops in China, which is the staple food for 60% of the population. To ensure rice supply effectivly is the basic policy of the Chinese government on the issue of food security. Although China's rice is being able to achieve self-sufficiency currently, but there is increased pressure to ensure the long-term supply and demand balance of domestic rice. The development of conventional rice production technology is faced bottleneck. Excessive use of pesticide and chemical fertilizer soared the cost of rice production and damaged the ecological environment. The health of farmers and consumers have also been damaged. The field test data of Bt genetically modified rice showed it could significantly reduce the amount of pesticide application and the labor use of rice production. It can be predicted that genetically modified rice will become the most powerful tool to solve the twenty-first century rice self-sufficiency in china. By the end of 2009, the Ministry of Agriculture issued a safety certificate for the two genetically modified rice varieties. To a certain extent, the Chinese government will put the commercialization of genetically modified rice on development agenda. The certificate of safety production has caused widely controversy. The government has also been under the pressure of multi-debate. It has not been follow-up the commercialization of genetically modified rice. In this paper, we try to analyze the impact of government management, media information and consumer attitudes on the commercialization of genetically modified rice in China.

The study is based on stakeholder theory, news communication theory and consumer behavior theory, through field survey and expert interview, use Ordered Logit Model, Binary Logistic Model, Interval Censored Model, Content Analysis to analyze the effects of government management, media related reports and consumer attitudes on the commercialization of genetically modified rice in China. The main research conclusions are summarized as follow:

(1) Chinese government has always attached importance to the development

1

and application of genetically modified technology, put enhancement of international competitiveness and industrial division on strategic height. To strengthen the safety supervision of genetically modified organisms is a policy of our government. At present, the genetically modified organisms safety management regulations and government administration system which contains production, processing and identification have already established, and it is keep pace with international standard. Regulations on the existing law enforcement is insufficient, safety assessment procedures setting is tedious, repetitive. Unreasonable genetically modified food labeling system and the implementation is not ideal. Safety supervision and administration is lack of transparency. Safety regulatory events have occurred. Problems exist in the process. Matters resulting in consumers suspicion and questioning on the safety of genetically modified organisms, even leading to consumer panic, and causing the crisis of government confidence, which is not conducive to the commercialization of genetically modified rice.

(2) Lack of scientific propaganda for genetically modified technology and food in the mainstream media, with mixed speech spread by non – governmental organizations and individuals, resulting GM cognitive confusion in public. Relevant responsible units and individuals failed to timely and effectively response reported public security incidents, to refute false statements, which resulting in the spread of negative information, negative impact, even endanger the government trust. It is not conducive to the commercialization of genetically modified rice. Discourse absence of the public, industry and scientists in media reports, marginalization of interests is not conducive to democratization of political decision-making and implementation.

(3) The consumer has a certain degree improvement in the level of cognition of genetically modified technology and food, but the understanding of the technology is not deep enough. The attitude of the transgenic technology and food is established on the limited knowledge level. Consumer acceptance of genetically modified rice is not high, and it has a clear downward trend in the past ten years. The willingness of consumers to pay for genetically modified rice is low, and the reaction of negative information is strong. The order of advantages and disadvantages information contents significantly increase consumers' willingness to pay.

目 录

Contents

第一章 导论 …………………………………………………………………… 1

1.1 研究背景与意义 ………………………………………………………… 1

1.2 相关概念与研究对象的界定 ………………………………………… 4

1.3 国内外研究现状综述 …………………………………………………… 4

1.4 研究目标、研究内容及拟解决的关键问题 ……………………… 13

1.5 研究方法、数据来源与技术路线 ………………………………… 16

1.6 研究的创新点说明 …………………………………………………… 18

第二章 理论基础 ……………………………………………………………… 20

2.1 利益相关者理论 ……………………………………………………… 20

2.2 需求理论 ………………………………………………………………… 22

2.3 期望效用理论 ………………………………………………………… 23

2.4 消费者行为理论 ……………………………………………………… 25

2.5 计划行为理论 ………………………………………………………… 27

2.6 科学传播理论 ………………………………………………………… 28

第三章 政府管理对转基因水稻商业化发展的影响分析 …………… 30

3.1 国外转基因技术及食品安全监管政策比较 …………………… 31

3.2 我国转基因生物安全监管政策分析 ……………………………… 37

3.3 转基因食品的标识问题 …………………………………………… 44

3.4 国内外转基因生物监管模式的比较 …………………………… 46

3.5 小结 …………………………………………………………………… 48

第四章 媒体信息对转基因水稻商业化发展的影响分析 ……………… 50

4.1 主流媒体转基因报道对转基因水稻商业化发展的影响分析 ……… 51

4.2 非政府组织（个人）媒体信息对转基因
水稻商业化发展的影响分析 ……………………………………… 66

4.3 小结 ………………………………………………………………… 70

第五章 消费者对转基因大米的接受意愿分析 ……………………… 72

5.1 调查设计和样本 …………………………………………………… 72

5.2 消费者对转基因技术及食品的认知情况 ………………………… 82

5.3 消费者对转基因大米的基本态度及其影响因素分析 …………… 86

5.4 消费者对转基因大米的支付意愿及其影响因素分析 …………… 93

5.5 基本结论 ………………………………………………………… 104

第六章 结论与政策建议 ……………………………………………… 106

6.1 结论 ……………………………………………………………… 106

6.2 政策建议 ………………………………………………………… 108

参考文献 ………………………………………………………………… 110

附录一 …………………………………………………………………… 117

附录二 …………………………………………………………………… 154

附录三 …………………………………………………………………… 156

附录四 …………………………………………………………………… 163

后记 ……………………………………………………………………… 167

图目录

图 1 – 1　技术路线图 ·················· 18

图 2 – 1　消费者购买决策过程模型 ·················· 26

图 3 – 1　农业转基因生物安全等级评价步骤说明 ·················· 40

图 3 – 2　转基因生物安全证书获取审批程序说明 ·················· 42

图 4 – 1　2003—2014 年国内主要纸质媒体转基因报道数量变化情况走势 ······ 53

图 4 – 2　2003—2014 年转基因报道体裁分布说明 ·················· 57

图 4 – 3　2003—2014 年转基因报道立场变化说明 ·················· 59

图 4 – 4　2003—2014 年转基因报道风险—利益评价分布情况说明 ········ 60

图 4 – 5　2003—2014 年转基因报道消息来源分布说明 ·················· 61

图 5 – 1　双边界二分选择式 ·················· 75

表目录

表 2-1　我国转基因水稻商业化发展中的利益相关者 ················· 21

表 3-1　美国转基因作物安全监管部门职能及法律依据 ············· 32

表 3-2　美国转基因作物安全监管部门职能说明 ··················· 33

表 3-3　欧洲转基因食品安全监管法律说明 ······················· 34

表 3-4　欧洲食品安全局发布的关于转基因植物风险评估的指导文件 ··· 35

表 3-5　农业部发布的有关转基因技术及食品安全监管的相关文件 ··· 38

表 3-6　我国历届农业转基因安全委员会情况说明 ················· 40

表 3-7　转基因生物安全评价内容 ······························· 41

表 3-8　我国转基因作物的审批状况 ····························· 43

表 3-9　第一批实施标识管理的农业转基因生物目录 ··············· 46

表 4-1　内容分析的类目建构说明 ······························· 52

表 4-2　三大报纸 2003—2014 年转基因报道内容细分说明 ··········· 54

表 4-3　2003—2014 年转基因报道内容细分说明 ··················· 56

表 4-4　三大报纸转基因报道立场说明 ··························· 58

表 4-5　2003—2014 年三大报纸转基因报道风险—利益情况说明 ····· 59

表 4-6　三大报纸转基因报道消息来源情况说明 ··················· 61

表 4-7　社会各界对转基因的态度细分说明 ······················· 63

表 4-8　绿色和平组织转基因言论列表 ··························· 66

表 5-1　不同价格体系分布表 ··································· 76

表 5-2　样本分布情况 ··· 78

表 5-3　样本省份主要指标说明（2012 年数据） ··················· 79

表 5-4　样本及样本住户特征构成 ······························· 80

表 5-5　转基因技术和食品的认知水平 ··························· 82

表 5-6　消费者人口特征和家庭状况对转基因技术和食品认知水平
　　　　的影响 ··· 83

表 5-7　对转基因大米的了解程度与听说过转基因食品的比例关系 ····· 84

表 5-8　六个生物技术知识问题的回答结果统计 ··················· 85

表 5 – 9　中国、美国、欧盟消费者对转基因技术知识调查结果的比较 … 85

表 5 – 10　消费者对四种转基因食品的接受程度 …………………………… 86

表 5 – 11　相关解释变量的定义、单位和模型中的设定 …………………… 88

表 5 – 12　多元有序 probit 模型估计结果（n = 960） …………………… 89

表 5 – 13　二元 probit 模型估计结果（n = 960） ………………………… 91

表 5 – 14　消费者转基因大米购买选择分布表 …………………………… 93

表 5 – 15　消费者个人特征与其转基因大米购买意愿的关系分析 ……… 94

表 5 – 16　消费者转基因食品听说情况对其购买意愿的影响 …………… 96

表 5 – 17　信息对消费者购买意愿的影响 ………………………………… 97

表 5 – 18　不同信息顺序下消费者对大米的选择 ………………………… 97

表 5 – 19　有无友情提示时消费者对大米的选择 ………………………… 98

表 5 – 20　相关解释变量的定义、单位和模型中的设定 ………………… 101

表 5 – 21　消费者转基因大米支付意愿影响因素的回归系数 ………… 102

表 5 – 22　消费者对转基因大米的支付意愿 …………………………… 103

表 5 – 23　不同信息顺序下消费者转基因大米的支付意愿 ………… 104

第一章 导 论

1.1 研究背景与意义

自 1996 年转基因作物商业化种植以来，全球转基因作物的生产应用呈强劲的扩张和发展趋势。根据国际农业生物技术应用服务组织（The International-al Service for the Acquisition of Agri-biotech Applications，ISAAA）的数据，全球转基因作物种植面积从 1996 年的 170 万公顷增加到 2014 年的 1.82 亿公顷，增长了 100 多倍。到 2014 年为止，全球棉花、大豆、玉米、油菜的转基因品种种植比例分别达到 64%、81%、29% 和 23%。美国、巴西、阿根廷、加拿大、印度等 27 个国家大面积种植转基因作物，另有 30 多个国家虽尚未正式批准转基因作物的商业化种植，但允许进口转基因农产品作为食品和饲料的加工原料。另外，2009 年以来，发展中国家的转基因作物种植面积超过了发达国家，在全球 27 个转基因作物种植国家中，其中 19 个国家是发展中国家。

我国政府高度重视农业生物技术的研发工作，出台了一系列鼓励农业生物技术发展的政策，同时对生物技术研发的财政支持逐渐加大。早在 1978 年改革开放之初，全国科学大会便把遗传工程列入国家科技八大重点发展领域。在 1986 年 3 月启动的支持高科技发展的国家高技术研究发展计划（863 计划）中，我国政府对生物技术的发展给予了大力支持，转基因技术研究也在"863"计划后明显加快。1997 年发布的国家重点基础研究发展计划（973 计划），强调开展农业生物基因资源发掘和重要性状的功能基因组研究。1999—2006 年，我国实施《国家转基因植物研究和产业化专项》，中央财政投入 5.1 亿元，部门、地方和社会配套投入 3.2 亿元，重点开展功能基因克隆、转基因新材料创制、基因转化核心技术创新、新产品培育和产业化以及转基因植物安全性评价等研究（李成贵、檀学文，2008）。2006 年国务院颁布《国家中长期科学和技术发展规划纲要（2006—2020 年)》，将转基因技术研究作为 16 个重大专项之一予以重点支持。2008 年 7 月国务院通过《转基因生物新品种培育科技重大专项》，计划 2008—2020 年投入资金约 240 亿元，其中，国家直接投入 120 亿元，课题承担单位配套 120 亿元。[①] 资金将主要投入到优势基因的挖掘、转基因品种选育和转基因作物品种的产业化。转基因专项的主要研究对象包括水稻、玉米、棉花等农作物，以及猪、牛、羊等动物。我国政府对农业生物技术的研发投资由 2005 年的 7.9 亿元增长到 2010 年的 32.8 亿元（现价），年均增长率达到了 32.8%（黄季焜等，2014）；即使扣除物价上涨因素，年均增长率也高达 29%。

经过 30 多年的发展和积累，我国已初步建成了包括功能基因克隆、遗传转化、品种选育、产品开发、安全评价和商业化推广应用在内的全产业链转基因作物育种技术创新和产业发展体系，转基因作物育种的整体水平在发展中国家中处于领先水平。截至 2013 年底，我国批准商业化种植的转基因作物和植物包括棉花、西红柿、甜椒、木瓜、杨树和矮牵牛 6 种植物[②]，转基因作物种植面积超过 400 万公顷。其中，转基因棉花种植面积是 394.6 万公顷，占全国棉花播种总面积的 80%，广东省种植的 95% 和海南省种植的 40% 的木瓜品种为转基因抗病毒木瓜，合计种植面积为 6275 公顷，转基因 Bt 白杨种植面积为 500 公顷。2009 年，农业部为转基因 Bt 水稻与植酸酶玉米颁发了安全生产证书。另外，我国是世界上最大的转基因大豆进口国，进口转基因大豆与大豆油已经 18 年了。近年来，我国开始进口转基因玉米，玉米进口量预计将不断增长。

然而，伴随着转基因技术研究和应用的快速发展，社会公众对转基因技术及食品问题的争议也日趋激烈，特别是 2009 年农业部发放转基因水稻品系安全证书以来，质疑、反对转基因技术及其食品的声音几乎左右了整个争论。支持者认为转基因食品是安全的，转基因作物的广泛种植可以减少农药、化肥的施用，减少农业的环境影响，提高农作物的产量，提高食物的营养品质，增加人类福祉。反对者则认为转基因食品的安全性尚无定论，转基因作物的大规模种植可能会产生环境问题，威胁到我国粮食安全，一些极端的反对者甚至认为食用转基因食品会"亡国灭种"。

这些争论已经对政府和企业的转基因技术及食品发展决策产生了影响。

[①] 《中国 240 亿元巨资投入转基因研发，商业化尚需时日》，http://news.chinaventure.com.cn/3/20080826/18575.shtml。

[②] 虽然我国政府批准商业化的作物品种为转基因棉花、矮牵牛、西红柿、甜椒、杨树及木瓜 6 个品种，但目前国内只种植了转基因棉花和木瓜。

我国政府已于 2009 年对转基因 Bt 水稻和植酸酶玉米颁发了安全生产证书。按照正常的审批程序，农业转基因作物品种在获得安全生产证书之后应该进行区域性种植试验和品种审定，审定合格就可以商业化种植。但目前的情况是，转基因水稻和植酸酶玉米的安全生产证书均已过期，而我国政府迫于国内舆论的压力至今未能将上述转基因作物品种的商业化推广工作继续向前推进。

本文旨在识别并分析转基因水稻商业化的影响因素。开展转基因水稻商业化影响因素分析具有重要的现实意义。稻米是我国最重要的粮食作物，是 60% 人口的主粮，确保稻米自给是我国政府有关粮食安全问题的基本政策。我国人口众多，耕地和水资源相对稀缺，提高水稻的单位面积产量是解决稻米有效供给的主要手段。20 世纪 60 年代的水稻矮化育种技术和 70 年代的水稻杂交育种技术极大地提高了水稻单产，为我国稻米自给做出了卓越贡献。然而，自 1998 年以来，我国水稻单产无明显增加。被寄予厚望的超级稻虽然在试验中高产，但大面积生产时增产效果不明显，常规水稻生产技术发展遇到了瓶颈。更为重要的是，现代杂交育种技术在带来水稻高产的同时，其负面作用也日益凸显，突出表现在化肥农药的过量施用。我国耕地面积不及美国面积的 2/3，但化肥农药施用量却高其数倍（付江涛、徐臻，2012）。大量施用农药化肥不仅导致水稻生产成本飙升，而且破坏了生态环境，对农民和消费者的身体健康也造成了损害，直接影响了水稻种植业的可持续发展（Shen，2010）。因此，虽然我国稻米目前能够实现自给，但确保国内稻米中长期供需平衡压力逐渐加大。Bt 转基因水稻的大田试验数据显示，转基因水稻能够显著降低农药施用量和水稻生产用工量（Huang 等，2008）。可以预见，随着转基因水稻技术的发展，涉及抗虫、抗除草剂、抗病、耐逆、品质改良、高产等性状的转基因水稻品种将会不断面世，转基因水稻会成为解决 21 世纪我国稻米自给的最有力工具。目前，我国在转基因水稻技术研发和转基因水稻品种的开发领域处于国际先进水平，水稻，尤其是籼稻的转基因技术及其产业化具有比较优势。"从某种意义上讲，中国发展转基因水稻，并积极推进其产业化，既是国家粮食安全战略层面上的布局，也是农业生产的迫切需求"①。因此，开展转基因水稻商业化影响因素分析，深入探讨各类因素对转基因水稻商业化的影响，将有助于分析和预测转基因水稻商业化前景，

---

① 《我国为什么发展转基因水稻？》，http：//www.moa.gov.cn/ztzl/zjyqwgz/zswd/201304/t20130427_3446854.htm。

为政府部门制定转基因水稻和其他转基因作物发展及管理政策提供科学的参考依据。

1.2 相关概念与研究对象的界定

1. 农业转基因技术

农业转基因技术是现代生物技术在农业领域的应用，指人们借用现代科技手段将期望的目标基因，通过人工分离的方法导入并重新进行组合到目标作物体的基因组中，从而改善作物品种的原有性状或对其加入新的优良性状。这一技术也可以对作物的原有基因进行加工、敲除和屏蔽以改变其遗传性状。这一技术的过程包括外源基因克隆、表达载体构建、遗传转化体系建立、遗传转化体筛选、遗传稳定性分析和回交转育等。

2. 农业转基因作物

农业转基因作物指利用转基因技术改变基因组构成的农作物，是转基因作物中的一个子类。

3. 转基因食品

转基因食品指利用转基因生物加工制作而成的或直接食用的食品，按原料来源可划分为植物源转基因食品、动物源转基因食品和微生物源转基因食品，如用转基因大豆榨取的大豆油、制成的豆制品，可直接使用的转基因番木瓜等。

4. 转基因水稻

转基因水稻指利用转基因技术将不同品种的水稻或者其他物种的抗虫、抗病基因导入某种水稻基因组内进而培育出的水稻新品种。如农业部已经发放安全生产证书的 Bt63 和汕优转基因抗虫水稻。本文的研究对象为转基因水稻。

1.3 国内外研究现状综述

随着转基因技术的快速发展以及社会各界对转基因技术及食品的广泛关注，"转基因"成为热点研究话题，相关研究文献不胜枚举。这些研究分别从利益相关者、政策框架、公众态度、转基因农产品贸易、转基因作物商业化影响等方面，对转基因技术及食品问题进行了定性和定量分析，并取得了一定的研究成果。下面主要对转基因技术及食品安全监管政策、大众媒体转基因报道、消费者对转基因食品的态度等方面的研究内容进行归纳整理。

1.3.1 关于转基因技术及食品安全监管政策的研究

转基因技术在农业领域的应用，是继"绿色革命"之后的一次重大的农业技术革命。从目前来看，转基因技术并不是一项较为成熟的技术，人们对转基因技术的认识还相对有限，需要对转基因技术可能存在的风险保持一定的警惕性，对转基因农作物的大规模推广持谨慎的态度。各国政策制定者在转基因技术面前陷入了两难的困境：一方面需要推进转基因技术来革新现代农业，突破现代农业的发展瓶颈，以期产生良好的经济和社会效益；另一方面又不能忽视转基因技术可能存在的潜在风险，保证民众的身体健康和国家的生物安全。在风险和收益的权衡下，各国对转基因生物安全政策的选择不同，有的国家为了规避转基因技术可能产生的潜在风险，制定了比较苛刻的转基因生物安全政策；有的国家为了获得转基因生物应用所可能带来的收益，制定了比较宽松的转基因生物安全政策（陆群峰、肖显静，2009）。

美国学者 Paarlberg（2001）对世界上一些主要国家和地区的农业转基因生物安全政策所涉及的公共研究投资、生物安全管理、食品安全管理、国际贸易和知识产权等方面的内涵进行了分析，并将政策取向概括为以下四种类型：促进型（Promotional）、禁止型（Preventive）、允许型（Permissive）、预警型（Precautionary）。张银定（2001）的研究表明，以美国、加拿大为代表的转基因作物种植大国倾向于促进转基因作物的商业化，欧盟各国及日本对转基因作物的应用持谨慎态度，以印度为代表的发展中国家对转基因作物的应用犹豫不决。陆群峰、肖显静（2009）的研究表明，以国务院2001年颁布的《农业转基因生物安全管理条例》为界，我国农业转基因生物安全政策模式的选择划分为两个阶段：第一阶段（1996—2001年），我国采取了允许型的农业转基因生物安全政策；第二阶段（2001年至今），我国采取了预警型的农业转基因生物安全政策。

陈健鹏（2010）通过分析全球和我国中长期粮食供求的形势、生物技术对我国粮食安全的影响，建议我国主要粮食作物生物技术品种的应用应坚持预防原则，走自主研发道路。张彩萍、黄季焜（2002）研究显示，农业转基因技术的发展政策及其争论已经远远超过了其技术本身的内容和技术的安全性问题，国家农业转基因技术发展的政策取向是由各个国家所处的发展阶段、农产品贸易地位、国家生物技术的技术依赖度、公众对生物技术产品的接受程度和政治风险等多种因素共同作用的结果。黄文昊、刘祖云（2010）研究发现，我国转基因生物安全的政策框架涉及国家利益、粮食和经济安全、可持续发展与环境保护、人民生命健康和生态安全几个方面的价值诉求，我国政府对转基因作物技术与产业化的立场和政策框架既受与发达国家转基因作物技术差距产生的发展动力的影响，也受转基因技术和产品争议性及公众认知对抗产生的阻力的影响。

1.3.2 关于大众媒体转基因报道的研究

转基因技术作为现代生物技术的重要组成部分，自出现以来就备受媒体关注，尤其是 2009 年农业部颁布两个转基因水稻的安全生产证书之后，有关转基因技术及食品的舆论风波日趋激烈。大众媒体作为转基因技术及食品信息传播的媒介平台，在扮演着信息传播角色的同时，持各种观点的利益主体也在充分利用这个信息传播渠道表明各自的观点和立场，这些观点也会影响到公众对转基因技术和食品的态度（侯丹丹、彭光芒，2011；黄媛，2012）。

李敏（2007）对 1995—2006 年《人民日报》刊登的关于转基因食品和作物报道的内容进行了分析。她认为，国内转基因相关报道框架单一、水平较低，对公众的知情权、选择权重视不够，在传达科学技术的风险性和不确定性时表现出对科学主义的盲目乐观和人文精神的缺失。吕瑞超（2010）研究发现，大众对不同层次媒介提供的信息的信赖程度不同，对报纸和电视两大传统媒体的信赖度较高，建议转基因食品信息的传播不仅要注重不同渠道的传播效果，也要考虑信息内容的安排。张楠（2010）对转基因食品信息的大众传播渠道进行了分析，得出了电视、报纸和网络是转基因食品信息的主要传播渠道的结论，网络是转基因食品信息的主要反馈渠道，并通过内容分析发现这三个渠道的转基因食品信息质量存在明显差异，电视和报纸提供的媒介信息基本为原创信息，可信度高，但是信息数量明显少于网络，同时电视和报纸中高质量的信息并不能非常契合地满足公众关于转基因食品信息的需要。

曹霞（2011）探讨了转基因稻米媒介事件的建构背景、过程、机制和社会影响等内容，分析了政府、绿色和平组织、科学家、受众等利益相关方在媒介事件建构的过程当中所起的作用及其内部关系，揭示了文本生产背后的各种力量。贾鹤鹏（2011）认为科学家与公众沟通不足、传播技巧的缺乏、驾驭新闻的能力不足以及大众传媒长期的负面报道是造成当前转基因媒介信息困境的主要因素。因此，加强转基因食品的科学传播已经成为当务之急，不仅要加强科学家和科学机构的传播能力建设，提高传媒的科学素养，增强科学界与大众传媒的沟通，更要注重科学家与公众之间的对话。

张丽辉（2011）运用内容分析法对网络中的转基因食品报道内容进行了研究，发现中文网络关于转基因食品信息传播存在专业传播者缺席（科学共同体缺位、媒体的专业度不高、网民科学素质参差不齐）、受众群体极化严重、媒介噪声强化（受众的选择性接受、媒体的恶意炒作）、意见领袖（科学共同体、科学管理层、传媒领域大众意见领袖）缺位等问题，而科学界和传媒界两套话语体系沟通不畅（传播者素质与观念滞后、科学家的科普参与度不够、对科普的误解）、受众接受程度不同（受众选择科技信息时受知识壁垒限制、受众科学素养水平偏低）、网络信息难以监管（传播模式的简单化、传播者的平民化、传播内容的个性化）、经济利益影响科学传播、意见领袖缺位等问题，是造成当前转基因媒介信息传播不畅、公众获取不对称信息的主要原因。

姜萍（2012）就2010年国内重要报纸关于转基因技术和食品的报道进行了分析，认为转基因技术形象的塑造与媒体如何传播关系密切，媒体报道的议题、语气、用词、态度和立场等都会对塑造"好的"或"危险的"转基因技术形象起着重要的推动或阻碍作用，媒体的一系列强调"负面"、偏重"风险"的报道，也为转基因技术构建了一个个"危险形象"，而这种片面、扭曲的形象则会潜移默化地影响公众对转基因技术及食品的片面认识和评价，从而更多地引起民众的误解和恐惧，最终更不利于新技术的健康发展。肖显静、张娇龙（2012）收集整理了网络上公开发表的有关转基因水稻争论的文本并进行了分析，发现争论的焦点为以下几个主题，即环境风险和健康风险、粮食安全和主权安全、主体资格和利益倾向，且据此形成的两大争论联盟的言均以反驳型争论形式出现，并不热衷于直接参与争辩。杨莹（2012）以转基因水稻网络舆情的舆情主体作为切入点，依据其在舆情发展中所起的作用，划分为引导者、推动者和参与者三种角色，并对舆情主体之间的关系做了分析。该研究发现，在信息匮乏的情况下，网络上充斥的非理性、情绪化信息，一方面导致公众对转基因科学认知的"求而不得"，另一方面加剧了公众的信息焦虑，催生了公众的消极情绪。另外，对注意力资源的追逐使网络媒体乐衷于报道耸动性消息，公众接触到的是媒体过度包装、扭曲之下的信息。过度的消极情绪的渲染，导致公众个人情绪扩大为社会普遍情绪，并将问题扩大化。

1.3.3 关于消费者对转基因技术及食品态度的研究

消费者对转基因食品的态度是影响转基因技术和食品发展的一个关键因素，很多学者从不同的研究角度，采用不同的研究方法，对该问题进行了研究。现从消费者的认知水平、接受程度、支付意愿、影响消费者转基因技术及食品态度的因素和研究方法等方面，对相关文献内容进行梳理。

1. 不同国家与地区的消费者，其对转基因技术及食品的认知水平表现出较大差异性。Angus（1999）对 8 个国家的消费者进行调查，结果显示 79% 的被调查者至少听说过转基因食品，但是这些消费者对转基因食品的特点并不了解，其中 25% 的人认为转基因食品并没有优点，31% 的人认为食用转基因食品会带来安全隐患，影响人体健康（齐振宏、王瑞懂，2010）。Bredahl（2001）对丹麦、意大利、英国、德国消费者的调查结果显示，欧洲消费者对转基因食品的支持程度很低，支持率分别为 0.8%、1.4%、0.6%、1.0%。美国消费者对转基因食品的反应较为积极。

我国学者也对消费者转基因食品的认知水平进行了研究。白军飞（2003）在国内 11 个城市进行的调查表明，67% 的消费者听说过转基因食品，但国内消费者对转基因技术和食品的认知度比美国和欧盟低。钟甫宁、丁玉莲（2004）基于 2002 年 7 月至 8 月在南京市以电话调查方式获取的数据发现，受访的 480 人中听说过转基因食品的人数比例为 43.33%，且男性消费者知道转基因食品的比例远高于女性消费者；在听说过转基因食品的消费者中，74.04% 的消费者对转基因食品并不了解，认为转基因食品安全的消费者占全部受访者的 1/3。王玉清、薛达元（2005）以北京市各大超市的消费者作为研究对象，发现对转基因技术和产品有所了解的消费者比例为 35.1%，且女性消费者对转基因产品的了解程度低于男性消费者。侯守礼（2004）以上海市消费者作为研究对象发现，对转基因食品"仅仅知道"和"不太了解"的消费者分别占受访者总数的 58.59% 和 29.52%。齐振宏（2010）在武汉市进行的调查表明，对转基因食品有一定了解的消费者占全部的 91.4%，表明随着时间的推移，我国居民对转基因食品的了解程度在不断提高。

2. 消费者对不同类型的转基因食品的接受程度不尽相同。首先，不同国家和地区的消费者对转基因食品的接受状况不同，发达国家的消费者比发展中国家的消费者更不愿意接受转基因食品，这是因为随着收入水平的提高消费者对食品的需求层次也会相应地提高（Pinstrup-Andersen and Cohen，

2001），国家间的文化差异、宗教信仰不同也是产生不同态度的一个原因。其次，消费者对不同类型的转基因食品的接受程度也不同。消费者对动物性转基因食品的接受程度一般低于植物性转基因食品，对提高作物品质的转基因食品的接受程度高于提高产量或降低成本的转基因食品（FAO，2004）。在日本进行的一项转基因食品调查中发现，消费者对改变口味、营养成分的转基因西红柿的接受程度远高于改变颜色、形状的转基因西红柿（Macer and Ng，2000）。在美国，对于能使食品变得更加美味或更加新鲜的转基因食品愿意购买的受访者比例达到了 50%～60%，而对于减少杀虫剂使用的转基因食品愿意购买的受访者比例达到了 60%～70%（IFIC，201lb）。

根据白军飞（2003）的调查结果，消费者对转基因食品的总体接受率为 62%，其中对改善营养的转基因大米的接受率为 69%，对抗病虫害的转基因大米的接受率为 72%，对抗病虫害的转基因水果和蔬菜的接受率为 73%，对转基因大豆油和延长储存期的转基因水果和蔬菜的接受率均为 57%，对各类转基因产品的接受程度较 2002 年均有所提高。钟甫宁（2004）的研究表明消费者更愿意接受营养型转基因食品，其次是功能保健型，最次是抗害虫的转基因食品。

3. 消费者对转基因食品的支付意愿，即消费者根据自身对转基因食品的认识和接受程度而进行的购买价格估计。Huffman（2001）的研究发现消费者愿意为转基因食品支付的价格比非转基因食品的价格低 15%；Noussair（2004）的调查结果显示，转基因巧克力棒的价格只有比普通巧克力棒的价格低 30%～37% 时消费者才会购买；根据 Huffman 和 Rousu（2007）的研究结果，消费者愿意为对环境有益的转基因食品支付的价格比普通食品的价格低 35%。

Li 等（2003）针对中国消费者进行的研究发现，消费者的转基因食品需求价格弹性较低，相比普通食品，他们愿意为转基因食品额外支付 38% 的费用。黄季焜等（2006）的研究表明，在转基因食品与非转基因食品价格相同的情况下，消费者愿意购买转基因食品的比例达到 65%，如果转基因食品价格降低 10%，消费者愿意购买转基因食品的比例将增加到 74%。王玉清、薛达元（2005）在北京市进行的城镇居民转基因食品消费调查表明，随着转基因食品的价格相比普通食品的价格降低，消费者对转基因食品的需求会逐步增加，转基因食品的价格比普通食品的价格低 10% 时，消费者选择转基因食品的比例为 10.5%，而价格低 30% 时，选择比例达到 23.9%，价格低 50% 时，选择比例为 26.3%。这一事实也同样被侯守礼等（2004）在上海市所做的分析和刘玲玲（2011）所做的研究证实。

4. 消费者认知、接受程度和支付意愿的影响因素。影响因素包括：一是消费者的基本人口特征，主要包括年龄、性别、受教育程度、收入水平和居住地等。Hossain 等（2008）指出，男性消费者比女性消费者更容易接受转基因食品，此结论也在钟甫宁（2004）的研究中得以证实，但也有研究表明性别不会对消费者对转基因食品的态度产生明显的影响（白军飞，2003）。Morris 等认为中青年消费者对转基因食品的接受程度较低，但 Hoban 和 Miller（1998）研究表明老年人对转基因食品的接受程度最低。钟甫宁、丁玉莲（2004）研究表明，年长的消费者更愿意接受转基因食品，而 Lin（2008）认为年龄与消费者对转基因食品的消费意愿之间的关系不显著，并认为消费者对转基因食品的认知程度受其教育水平的显著影响，教育水平越高的人越不愿意接受转基因产品；另有研究表明，受教育水平越高，其对转基因食品的利益预期会越高（Traill 等，2004）。美国新泽西州立大学食物政策研究所（FPI）的研究结果则认为，消费者对转基因食品的态度与所受教育之间没有明显的关系（Hossain 等，2002）。白军飞（2003）研究发现，居住城市的规模对消费者的接受程度有显著影响，随着居住城市规模的缩小，消费者越有可能接受转基因食品。对大部分转基因食品来说，政府和事业单位工作人员、公司管理人员、私人业主和城市失业或半失业人员比其他消费者更可能接受转基因食品。

二是信息对消费者行为的影响，也就是说消费者接触到的信息也会影响其支付意愿。已有研究表明，不同属性的信息和不同来源渠道的信息都会对消费者行为产生影响。首先，在提供不同性质的信息上（正面或负面信息），一般而言正面信息会提高消费者的意愿支付价格，负面信息则会降低消费者的意愿支付价格（Tegene 等，2003；Lusk 等，2004；Rousu 等，2005；Huffillan 等，2007；Corrigan 等，2009；钟甫宁、丁玉莲，2004；钟甫宁、陈希，2008；马琳、顾海英，2011）。Lusk（2002、2003）研究发现，当消费者被提供关于转基因技术具体好处的信息时，一些美国消费者愿意为转基因食品支付额外的费用；Lusk（2004）指出，当没有给消费者提供直接利益时，对转基因食品的恐惧或者担忧可能会主导消费者的购买行为，相对于转基因食品，大多数消费者更愿意为非转基因食品支付额外的费用。邱彩红（2008）研究表明，提供正面、负面信息的先后顺序也会让消费者对转基因食品的购买意愿产生影响。以风味和口感改善类型的转基因大米为例，接收"先负后正"信息的消费者意愿购买比例明显高于接收"先正后负"信息的消费者意愿购买比例。消费者风险规避性较强且其短暂记忆具有临时性，后提供的负面信息在一定程度上抵消了前面提供的正面信息带来的效果。

三是消费者的风险意识也会影响他们对转基因食品的接受程度。研究表明，越是风险规避的人就越不愿意接受转基因食品（Hallman 等，2002）。Lusk（2005）认为，消费者对转基因食品的态度受其对风险的感知和风险偏好的影响；同时，白军飞（2003）的研究发现健康状况较差的人较健康状况好的人更可能反对转基因食品。也有研究表明不同国家的消费者态度的差异可能受文化、习惯、宗教信仰、政府管理等因素的影响，其中政府管理对消费者接受程度的影响日益受到学者的关注，并被认为可能是解释各国消费者接受程度差异的关键因素（Gaskell 等，1999；Moon and Balasubramanian，2004）。黄季焜、仇焕广（2006）研究发现，在消费者对转基因食品知识了解不多的情况下，媒体和政府提供的信息也会对消费者接受和购买转基因食品的意愿产生影响。仇焕广（2007）对政府公共管理能力与消费者对转基因产品的接受程度之间的关系进行了严格的计量经济模型估计，发现消费者对政府公共管理能力信任程度的提高会显著增加消费者对转基因食品的接受程度。

5. 样本结果的获取方式。调查样本的选择方面，国内外大多数学者都以城镇居民的转基因食品消费行为作为研究对象。就国内的调研情况来看，除黄季焜等（2006）在 2002—2003 年组织了一次全国性调查外，其他调查均在某一特定区域内开展。调研方式方面，主要采取的方法有邮寄调查、电话调查和面谈式调查。邮寄调查的问卷回收率较低，以 Lusk（2003）开展的"黄金大米"消费者支付意愿调查为例，邮寄问卷的回收率仅为 43%。电话调查虽然能够提高回答率，但缺乏与受访者面对面的交流，问卷质量难以保证。在公众场合分发问卷进行的调查，虽然保证了较大样本量，但往往只能吸引到一些特定群体，不能保证调查对象的性别、年龄差异性与职业多样性（周峰，2003）。

6. 研究方法。目前关于消费者对转基因技术及食品态度的研究方法主要分五类：一是意向调查和简单统计分析，如 Baker（2002）采用聚类统计方法分析转基因食品不同消费群体的特征；钟甫宁、丁玉莲（2004）和王玉清、薛达元（2005）仅以简单描述的形式分析了消费者对转基因食品的潜在态度。二是意向调查结合计量经济模型分析，如白军飞（2003）采用 Probit模型来分析消费意愿。三是实验经济学条件估值法结合计量经济模型分析，如 Lusk（2003）。四是实验经济学实验拍卖法结合计量经济模型分析，如

Lusk（2004）、邱彩虹（2008）、Nayga 等（2009）、马琳、顾海英（2011）以及刘玲玲（2011）等。五是实验经济学选择实验法结合计量经济模型分析，如 Baker 和 Burnham（2001），Lusk 等（2001）。条件估值法是在假想市场条件下，直接询问消费者是否愿意支付一定金额来换取某个假想的产品，但这种方法可能出现假想交易偏差（Hypothetical Bias）；实验拍卖法是通过实物拍卖的方式来取得消费者的支付意愿，但拍卖的对象必须是市场上存在的产品；选择实验法则通过建立一系列产品特征—水平的组合来观察消费者的行为，它主要看研究对象的特征属性如何对消费者的消费行为产生影响。

1.3.4 现有文献评述

总体上看，国内外有关转基因技术及食品的研究文献内容丰富，且较为完善，为本文提供了丰富的参考资料。然而，随着转基因技术的快速发展和相关信息的广泛传播，已有文献的许多结论不能准确地反映转基因水稻商业化发展现状和前景。现有文献主要存在以下几个方面的不足：

第一，转基因技术及食品是涉及多方利益、多方参与的复杂社会问题。已有研究主要针对转基因技术及食品问题的某个环节进行研究，识别了我国转基因技术发展中存在的一些特定问题，然而缺乏对转基因技术发展影响因素的全面剖析，其有关我国未来转基因技术发展的政策建议存在着一定的局限性。

第二，已有文献对转基因技术及食品发展的政策框架进行了相应的分析，但这些研究绝大多数是在探讨我国转基因技术发展政策的政策取向问题，对政策自身（如安全评价环节、商业化后的安全监管等）可能存在的问题缺乏足够深入的探讨。特别是近年来，伴随着转基因技术的快速发展，转基因技术及食品已引起媒体和消费者的广泛关注，转基因技术及食品的反对力量也越来越大，这些外力都可能会对政府关于转基因发展政策的制定产生影响，已有的一些研究结论不能反映目前和未来政策的走向。

第三，大众媒体是信息传播的重要渠道，是当今广大人民群众获取信息的一般手段，也是利益相关者发声的主要途径，其在转基因技术及食品相关信息的传播中所扮演的角色日益突出。已有研究主要基于新闻学、传播学的视角，对媒体信息的性质、所持的立场、背后利益相关者在转基因食品相关信息的传播中所扮演的角色及其对转基因技术及食品的影响的分析依然不够深入。

第四，除黄季焜等（2006）是基于全国范围样本调查数据开展研究外，其他研究均根据某一特定区域的小样本调查数据，研究结论对全国消费者的代表性欠缺。另外，随着转基因技术的快速发展及其信息的广泛传播，消费者对转基因技术及食品的态度发生了变化，现有文献的大多数研究结论不能准确地反映当前消费者有关转基因食品的消费行为。

第五，虽然国外学者对信息如何影响消费者接受转基因食品进行了大量的研究，但已有的国内文献对信息影响中国消费者行为缺乏足够的反映。改善环境（如 Bt 水稻）、改善营养（如黄金大米）和改善环境与营养的转基因水稻代表了转基因水稻研发现状和发展前景，然而国内外尚无此类研究。

基于以上认识，本文以转基因水稻为研究对象，从政府对转基因水稻的监管政策、媒体关于转基因技术及食品的报道信息以及消费者对转基因食品和转基因稻米的接受意愿等方面，全面剖析转基因水稻商业化发展的影响因素，在此基础上有针对性地提出了促进我国转基因水稻商业化发展的政策建议。

1.4 研究目标、研究内容及拟解决的关键问题

1.4.1 研究目标

本文的总体目标是基于宏观统计数据和第一手调研数据，采用定性与定量分析相结合的研究方法，识别与分析影响我国转基因水稻商业化发展的社会经济因素。

本文从利益相关主体的角度了解哪些具体因素影响了我国转基因水稻商业化发展。根据利益相关者理论，转基因技术及食品的主要利益相关者包括研发者、农户、加工者、销售者、普通公众、非政府组织和扮演政策制定与监管工作的政府。各利益主体在转基因水稻发展中扮演着不同的角色。有些利益相关者对转基因水稻商业化发展的影响效果可以直接分析，例如，政府对转基因水稻商业化发展产生的影响可以通过分析政府政策进行，消费者对转基因水稻商业化发展产生的影响可以通过分析其认知水平和购买意愿等进行。而有些利益相关者对转基因水稻商业化发展的影响效果则无法直接分析。媒体是利益相关者有关转基因水稻商业化发展争论的舆论场和意见呈现的重要发声渠道。因此可以通过分析媒体信息来总结归纳利益相关者对转基因水稻商业化发展的影响，同时还可以了解我国转基因水稻相关报道的特点及媒体宣传报道中存在的问题。基于以上考虑，本文将从政府监管政策、媒体信息和消费者态度三个方面，分析哪些因素影响了我国转基因水稻商业化的发

展，据此设定的具体研究目标如下：

1. 评估当前我国转基因技术及食品安全监管的政策框架，了解安全监管中存在的问题，分析政府安全监管政策对我国转基因水稻商业化发展的影响；

2. 通过对大众媒体转基因报道内容的分析，揭示媒体宣传的特点及存在的问题、不同利益相关者在转基因水稻商业化发展中扮演的角色，重点分析非政府组织及个人转基因言论特点及其对我国转基因水稻商业化发展的影响；

3. 了解当前我国消费者对转基因技术的认知水平和基本态度，确定公众态度对我国转基因水稻商业化发展的影响；

4. 测度转基因水稻信息对我国消费者接受和食用转基因食品的影响，进而分析消费者支付意愿和信息对转基因水稻商业化发展的影响。

1.4.2　研究内容及拟解决的关键问题

基于以上研究目标，本文的研究内容包括：

第一部分：介绍本文的理论基础

该部分将介绍本文应用到的需求理论、消费者行为理论、期望效用理论、计划行为理论和科学传播理论，并结合转基因水稻商业化发展的实际对上述理论进行逐一的说明。

第二部分：政府对转基因水稻商业化发展的影响——转基因技术及食品安全监管政策评估

该部分将利用政策分析的方法并结合经济学和社会学的相关理论，分析我国转基因技术及食品安全监管政策框架及其对转基因水稻商业化发展的影响。这部分内容将从三个方面展开：一是重点介绍欧盟和美国对转基因技术及食品采用的不同安全监管模式，为我国转基因技术及食品安全监管工作提供借鉴和参考；二是详细说明我国转基因技术及食品安全监管工作的现状，并通过与欧盟、美国的对比分析，总结发现我国转基因技术及食品安全监管工作中哪些方面影响了其发展；三是通过比较国内外转基因作物（食品）监管政策，识别并分析阻碍我国转基因水稻商业化发展的发展战略、具体管理政策以及监管力度方面存在的问题，为安全监管工作的完善提供有效的建议。

第三部分：媒体信息对转基因水稻商业化发展的影响——大众媒体对转基因技术报道的内容分析

考虑到大众媒体关于转基因技术的报道是利益相关者意见呈现的重要渠道和公众获取转基因技术及食品信息的主要途径，大众媒体信息构建的舆论环境深刻地影响着公众对转基因技术和食品的认识与态度。这部分的内容主要通过两个方面展开：一是通过收集2003年1月1日至2014年12月31日几个主要大众媒体公开发布的转基因技术及食品报道，采用传播学的内容分析法（Content Analysis）并借助转基因技术的科学知识，识别并区分媒体关于转基因技术及食品的报道提供的信息哪些是基于科学事实，哪些不是基于科学事实，哪些是正面报道，哪些是负面报道。了解我国转基因技术及食品相关报道的舆论环境是怎样的，评估这些报道信息是否会对转基因水稻的发展产生影响，产生什么样的影响。同时明确提供这些报道信息的利益相关者是谁，是非政府组织、政府、还是转基因技术的科研机构，它们在转基因技术和食品信息传播中所扮演的角色是什么，对转基因水稻的发展产生怎样的影响。二是以绿色和平组织公开发表的言论和崔永元转基因调查视频作为研究对象，分析他们的言论是否基于科学事实，对转基因水稻的发展产生怎样的影响。

第四部分：公众态度对转基因水稻商业化发展的影响——消费者对转基因食品的认知与接受程度分析

这部分内容分为以下三个部分：一是了解当前我国城镇消费者对转基因技术及食品的认知情况；二是以黄季焜等（2006）的研究结果为参照系，对比分析过去十年间城镇消费者对转基因食品认知水平和接受程度的变化情况；三是采用多元有序选择模型（Ordinal Discrete Choice Modeling）开展消费者对转基因食品（包括转基因水稻）接受程度的影响因素分析。

第五部分：公众购买意愿对转基因水稻商业化发展的影响——消费者转基因稻米的购买意愿分析

该部分主要了解信息对城市消费者接受和食用转基因稻米的影响。具体内容为：一是估计改善环境的转基因水稻信息（以下简称环境信息）、改善营养的转基因水稻信息（以下简称营养信息）和改善环境与营养的转基因水稻信息（以下简称联合信息），对消费者支付意愿（Willingness-to-Pay，WTP）的影响；二是确定不同类型的转基因水稻信息是否会对消费者的支付意愿产生不同的影响；三是验证信息内容的优缺点顺序排列对消费者支付意愿的影响是否相同；四是了解"廉价协商"（Cheap Talk）对消费者购买意愿的影响。①

---

①　"廉价协商"是事前规避条件估值法中可能存在的假想交易偏差的一种方法。指在问卷中专门增加一个内容，一是提醒消费者在回答问卷的WTP时要认真考虑自己的收入和预算情况；二是告知消费者过去条件估值法（Contingent Value）研究发现消费者的WTP要高于实际情况，因此提醒消费者在提供自己的WTP时一定要设身处地，是否真的购买，是否愿意付出此数额的WTP。

1.4.3 拟解决的关键问题

本文拟解决的关键问题如下：

1. 识别和分析我国转基因技术及食品安全评价和监管政策中存在的问题。

2. 探讨媒体信息对转基因水稻发展的影响。

3. 探讨公众态度对转基因水稻商业化发展的影响。

4. 了解不同类型的转基因水稻正反两方面（全面）信息对消费者支付意愿的影响。

1.5 研究方法、数据来源与技术路线

1.5.1 研究方法

本文从经济学的基本理论出发，遵循规范研究与实证研究相结合的研究思路，综合应用对比分析、统计分析和计量经济学分析等方法。主要应用的研究方法如下：

1. 文献阅读法：通过阅读相关文献、收集相关数据以及研读政府相关文件，全面了解我国转基因技术、作物、食品的研发、种植、商业化、贸易状况及政策、法规；明确哪些团体和组织是这一政策框架内主要利益相关者，并通过文献阅读和访谈方式，了解这些利益相关者在我国转基因技术及发展中所起的作用。

2. 专家访谈法：对农业部转基因安全管理办公室工作人员、中国农业大学农业与生物技术学院专职做转基因水稻基础研发的科研人员、中国科学技术协会副主席陈章良（转基因技术专家）以座谈的方式了解情况。

3. 比较分析法：本文在第三章分析我国转基因技术及食品安全监管政策时，与国际组织、欧盟、美国的监管体系和政策做了对比分析；第五章分析我国消费者对转基因技术及食品的认知及接受程度时与黄季焜等（2006）的研究做了对比，借以发现十年来我国消费者对转基因态度的变化。

4. 统计学分析法：在本文的第四章中，主要利用统计学的分析方法，针对获取的媒体关于转基因报道的相关数据，对2003—2014年转基因相关报道的内容、立场、风险—利益评价、具体议题框架等特征进行了具体的分析。

5. 条件估值法（Contingent Valuation Method）：也称意愿估值法、调查评

价法,是一种通过构建假想市场,测度未进入市场物品价值的非市场评估方法,用于揭示人们对非市场物品质量提高的最大支付意愿,或者对其质量下降希望获得的最小补偿意愿。这种方法能对很多不存在市场或者即使存在市场但市场价格无法反映其真实稀缺性的物品的价值做出较为合理的估算,而被广泛应用于未进入市场或非市场产品的价值估算,如环境、资源等。考虑到目前转基因水稻在国际上还没有任何一个国家进行商业化推广,尚未进入市场,因此采用条件估值法对转基因水稻的价格进行非市场价值评估。

6. 内容分析法:内容分析法是一种对文献内容做客观系统量化分析的专门方法,其目的是弄清或测验文献中本质性的事实和趋势,揭示文献所含有的隐性情报内容,对事物发展做情报预测。基本做法是把媒介上的文字、非量化的有交流价值的信息转化为定量的数据,建立有意义的类目分解交流内容,并以此来分析信息的某些特征。本文通过收集 2003—2014 年国内主要报纸媒体有关转基因技术及食品报道的信息,对这些报道提供的相关信息进行归纳整理,明确哪些报道是正面的积极报道,哪些是负面的反对报道,分析这些报道背后的利益相关者是谁,是非政府组织(如绿色和平组织)、转基因技术的研发人员,还是政府;我国转基因报道的舆论环境和报道倾向是怎样的,并确认媒体在转基因技术和食品相关信息传播中所扮演的角色。

1.5.2 数据来源

本文采用的数据主要包括:

1. 宏观数据

全球转基因作物种植情况数据来自国际农业生物技术应用服务组织(ISAAA)每年发布的 *Global Status of Commercialized Biotech/GM Crops*,我国转基因作物进出口贸易数据来自美国农业部(USDA)每年发布的 *Agricultural Biotechnology Annual Beijing China*。其他有关我国农业转基因作物研发、安全生产证书审批方面的数据来自农业部网站和农业部主编的《转基因 30 年实践》。

2. 微观数据

本文用于实证研究的数据主要包括消费者调查数据和新闻报道数据。消费者调查数据来自中国农业大学经济管理学院 2013 年开展的《中国城市消费者对转基因大米的消费意愿调查》结果。新闻报道数据来自中国知网重要报纸数据库。

1.5.3 技术路线图

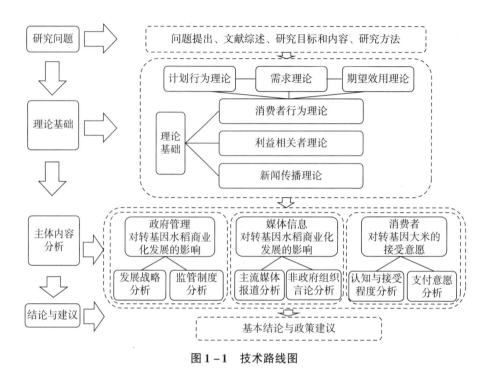

图 1-1 技术路线图

1.6 研究的创新点说明

1. 研究内容上，以往有关转基因技术及食品问题的研究多涉及某个方面的单一内容，如仅关注消费者支付意愿，或者研究转基因技术及食品的监管政策等。本文从影响转基因水稻商业化发展的角度出发，对影响转基因水稻商业化发展的核心要素进行了定性和定量分析，提升了本文的研究广度和深度，强化了本文的政策意义。

2. 研究数据上，在媒体信息内容分析部分，本文包含了三个不同报道特色的国内主流媒体 2003—2014 年的转基因报道内容，既保证了数据的多样性，也有利于把握我国媒体转基因报道内容的时间变迁。在消费者意愿分析部分，本文采用 2013 年开展的 15 省市的消费者调查数据，保证了样本的多样性和代表性。

3. 研究方法上，采用恰当的方法开展研究工作。其中，在媒体信息内容分析部分，借助传播学的内容分析法分析大众媒体关于转基因报道内容的特点和倾向性，从而揭示了报道内容背后各利益主体在转基因报道信息传播中所起的作用及扮演的角色；在消费者意愿分析部分，采用实验经济学的条件估值法并结合计量经济模型，分析了转基因水稻信息对消费者购买意愿的影响。

第二章　理论基础

本章以利益相关者理论、需求理论、消费者行为理论为主要理论基础，结合期望效用理论、计划行为理论及科学传播理论构建理论研究框架。

2.1　利益相关者理论

1. 利益相关者理论的基本原理

利益相关者理论最早提出并应用于公司治理，是在对"股东至上主义"质疑的基础上产生的。斯坦福研究中心的研究人员于 1953 年首次提出"利益相关者"这一概念，标志着利益相关者理论的发端。1984 年弗里曼将这一理论运用于实践，通过引入"利益相关者"解除外部变化可能导致的不确定风险问题，以确保公司治理的有效性，这为利益相关者理论的形成奠定了实践基础。1989 年起，以阿巴斯和阿尔卡巴基为代表的学者对公司治理中的利益相关者进行了研究，并于 20 世纪末形成了以共同治理观为基础的利益相关者理论。到 21 世纪初，利益相关者理论被广泛应用于社会科学的研究中。

利益相关者理论的核心思想主要有以下两个方面：一是在经营管理活动中要充分考虑各个利益相关主体的利益，各个利益主体的利益均需得到体现。二是通过协调和整合利益主体的诉求，实现整体利益的最大化。利益相关者理论表明在以多元化、利益化、均衡化为特征的复杂社会系统中，单一利益主体的行为很难取得最优的效果。因此，需要注重考察不同利益主体间的作用方式和效果，以及它们对管理目标可能产生的影响。

2. 利益相关者理论与转基因水稻商业化发展

根据利益相关者理论，借用弗里曼对利益相关者的定义，我国转基因水稻商业化发展的利益相关者应界定为能够影响我国转基因水稻商业化发展的目标群体和个人。按照组织形式，我国转基因水稻商业化发展中的利益相关者又可以划分为政府部门和个人及团体两部分，具体说明见表 2 - 1。

表 2 – 1　　　　　　　我国转基因水稻商业化发展中的利益相关者

组织类别	利益主体
政府部门	国家相关管理部门
	地方政府管理部门
	外国政府
个人及团体	科研院所
	国内外生物技术公司
	种子生产和销售公司
	农户
	消费者

利用利益相关者的多维细分法，可将转基因水稻的利益相关者划分为核心利益相关者、直接利益相关者、间接利益相关者和重要利益相关者四个层次，以下将就此进行逐一说明。

第一层次：核心利益相关者——普通公众。他们是转基因大米的消费者，也是转基因水稻安全风险的直接承受者。转基因大米是否安全会对消费者的人体健康造成直接的影响，转基因水稻种植也可能会对人类赖以生存的生态环境产生危害。一方面，如果转基因水稻能够安全有序地发展，会给消费者带来福利，否则会损害消费者的利益，甚至可能会对人体健康产生负面的影响。同时，消费者是否接受转基因大米直接决定了转基因水稻商业化发展。

第二层次：直接利益相关者——从事转基因水稻研发的科学家、生物技术公司、种子公司、农户及转基因稻米的加工者和销售者，他们可以从转基因水稻商业化发展中获得经济利益。

第三层次：间接利益相关者——非转基因水稻的种植者，非转基因大米的生产者和销售者。转基因水稻的发展可能会给消费者带来廉价、优质甚至功能性的转基因稻米，这必然会使消费者选择转基因稻米，减少普通大米的购买，对普通大米市场产生冲击，进而影响普通大米生产者和销售者的利益。

第四层次：重要利益相关者——政府。政府在转基因水稻商业化发展中扮演双重角色。一方面，政府决策是国家意志的集中体现。政府主要负责政策的制定和实施，是社会公共利益的维护者，负责调节社会各利益群体之间的利益分配，以政策、规划、资金拨付的方式影响转基因水稻的发展。因此，我国转基因水稻的发展离不开政府的支持。另一方面，政府也在转基因水稻的发展中获益。转基因水稻的发展无疑会给研发者、生产者和销售者带来经济效益，满足消费者的需求。同时转基因水稻发展也能为国家解决粮食安全保障问题带来较大的收益。

在转基因水稻的发展问题上，还有一类特殊的利益群体——非政府组织，如绿色和平组织和地球之友。它们在转基因水稻的发展问题上没有自己的切身利益，但是它们附带着自身特殊的价值取向。这类组织从消费者基本权益和环境生态方面出发，试图维护社会公众利益和消费者的基本权益。

2.2　需求理论

1. 需求理论的基本原理

一种商品的需求量（Quantity Demand）指消费者愿意并且能够购买该种商品的数量（Samuelson，1998）。这里的需求量是消费者购买欲望和有效支付能力的统一。在市场经济条件下，需求和供给是经济活动中既相互依存又相互对立的两个方面。影响供给的因素会作用于需求，进而对商品的价格产生影响。商品的供给和需求的共同作用决定了市场均衡价格。商品价格的变动会对需求量产生影响。需求定理（Law of Demand）指出，在其他条件不变的情况下，一种商品的价格上升，消费者对该商品的需求量会减少；一种商品的价格下降，消费者对该商品的需求量会增加。需求量的变动指在其他条件不变的情况下，商品自身价格变动所引起的需求量的变动，表现为同一条需求曲线上点的移动。需求的变动是指商品本身价格不变，其他因素变动引起的需求曲线的移动。需求的变动主要受消费者收入、消费者偏好、相关商品的价格等因素的影响（吴易风，1998）。此外，经济发展水平、文化和宗教信仰、人口结构都会对需求产生影响（高鸿业，2000）。个人收入水平提高，消费者对某种商品的偏好增强，该商品的需求量就会增加。消费者的偏好受消费习惯、家庭特征、社会环境的影响。

2. 需求理论与稻米的购买意愿

由需求理论可知，转基因稻米作为一种普通商品。在其他影响因素不变的情况下，转基因大米的价格变动会引起其需求量的变动。农户转基因水稻的生产能力影响着转基因大米的市场供给，进而对转基因大米的价格产生影响，最终影响居民对转基因大米的需求量。地区经济发展水平、居民收入水平、城镇化水平等宏观经济因素影响着一个地区对转基因大米的整体需求水平，会对转基因大米消费总量产生影响。这些影响因素的变动会造成转基因大米需求曲线的移动。它们的正向变动会引起转基因大米需求曲线向外移动。

消费者个人特征、偏好同样会对转基因大米的需求产生影响。宏观社会环境、个人消费习惯、家庭基本特征以及媒体宣传等因素又会作用于消费者偏好进而影响到对转基因大米的需求。城镇居民在宏观因素和个人基本特征的共同影响下，结合个人收入情况，做出转基因大米的购买选择，以满足自身效用最大化。本文将基于需求理论，在分析我国城镇居民转基因食品（包括稻米）消费特征的基础上，进一步明确影响转基因食品（包括稻米）消费的主要因素。

2.3 期望效用理论

1. 期望效用理论和支付意愿的推导

继 1935 年凯恩斯提出绝对收入假说、1949 年杜森贝利提出相对收入假说之后，20 世纪 50 年代，冯·纽曼和摩根斯坦（Von Neumann and Morgenstern）在公理化假设的基础上，提出了期望效用函数理论。该效用理论认为，消费者在不确定性条件下的多个备选方案中选择具有最大效用的备选方案。

令商品 X_i 的直接效用用 $U(X_i)$ 来表示，相应的概率用 P_i 来表示，则期望效用（Expected Utility）$EU = \sum_{i=1}^{n} P_i U(X_i)$。期望效用理论定义了不确定条件下效用的计算方法，描述了消费者在不确定情况下的决策行为。

假设消费者被询问如果某产品的质量由 q^0 上升到 q^1，而且消费者确定地了解从这两种质量中可以获得效用，即产品质量 q^1 对应的间接效用函数为 $U(y, p, q^1)$，产品质量 q^0 对应的间接效用函数为 $U(y, p, q^0)$，其中，p 为产品的价格，则 $U(y, p, q^1) > U(y, p, q^0)$，$U(\cdot)$ 是收入 y 的非递减函数。

再假设产品质量为 q^1 发生的概率为 p，则产品质量为 q^0 的概率为 $(1-p)$，消费者对此产品的期望效用函数为

$$EU = P \times U(y,p,q^1) + (1-p) \times U(y,p,q^0) \qquad (2-1)$$

假设消费者购买一个质量为 q^1 的新产品的概率为 1，则对应的效用函数等于 $U(y - WTP, p, q^1)$。

消费者为获取一个质量为 q^1 的新产品而愿意支付的最大金额为

$$U(y - WTP, p, y^1) = P \times U(y,p,q^1) + (1-p) \times U(y,p,q^0) \qquad (2-2)$$

因此，消费者的支付意愿指使消费者以 100% 的概率购买高质量产品 q^1 时，比存在不确定性时购买到此产品额外多支出的价格。

2. 信息与转基因大米支付意愿

消费者对转基因大米的支付意愿遵循着经典消费理论。消费者在既定收入的约束下，通过选择不同类型的转基因大米，实现效用最大化。转基因大米属于不确定性商品，因此有关转基因大米的真实状况的信息会对消费者的支付意愿产生影响。当提供有关转基因大米出现"好结果"概率的新信息时，消费者将此信息纳入其行为指南信息范畴内，并相应地调整其消费行为。

假设消费者知道转基因大米的先验信息 $\hat{I}$，好结果出现的概率为 $P(\hat{I})$，则该消费者通过购买某产品可以获得的预期效用为

$$EU = P(\hat{I})U(y,p,q^1) + [1 - P(\hat{I})]U(y,p,q^0) \qquad (2-3)$$

假设该消费者通过某种信息渠道获得转基因大米的新信息 $\tilde{I}$，消费者收到这些信息后，将平衡这些新信息 $\tilde{I}$ 和过去的信息 $\hat{I}$。

根据 Viscusi（1989）和 Hayes（1995）的研究结果，假定由新信息和过去的信息形成的综合信息呈 Γ 分布，那么新的综合信息为

$$I = \frac{\alpha\hat{I} + \beta\tilde{I}}{\alpha + \beta} \qquad (2-4)$$

其中，I 表示新的综合信息，α 表示此消费者赋予过去信息的权重，β 表示此消费者赋予新信息的权重，将这个新的综合信息代入期望效用函数中得

$$EU = P\left(\frac{\alpha\hat{I} + \beta\tilde{I}}{\alpha + \beta}\right)U(y,p,q^1) + \left[1 - P\left(\frac{\alpha\hat{I} + \beta\tilde{I}}{\alpha + \beta}\right)\right]U(y,p,q^0) \quad (2-5)$$

该消费者消费普通非转基因大米的概率为 1，则消费转基因大米的效用函数为

$$U(y - WTP,p,q^1) = P\left(\frac{\alpha\hat{I} + \beta\tilde{I}}{\alpha + \beta}\right)U(y,p,q^1) + \left[1 - P\left(\frac{\alpha\hat{I} + \beta\tilde{I}}{\alpha + \beta}\right)\right]U(y,p,q^0)$$

$$(2-6)$$

为了了解新信息对消费者支付意愿的影响，可以通过对式（2-6）进行关于 WTP 和新信息 $\hat{I}$ 的全微分，取得的关系式如下：

$$\frac{\mathrm{d}WTP}{\mathrm{d}\hat{I}} = \frac{\beta}{\alpha + \beta}\left[\frac{U(y,p,q^0) - U(y,p,q^1)}{U'(y,p,q^1)}\right] \leqslant 0 \qquad (2-7)$$

式（2-7）表明随着转基因大米新信息的增多，消费者选择为没有"不好"可能的普通大米而支付的金额将会下降，换句话说，消费者对转基因大米的支付意愿随着新的正面信息的增多而上升。另外，消费者的支付意愿大小还取决于自己赋予新信息的权重 β，如果 $\beta = 0$，则新信息对消费者的支付意愿没有影响。

2.4 消费者行为理论

1. 消费者行为理论的定义

消费者行为理论是基于人的有限理性前提假设，围绕消费者行为的定义、行为模式和影响消费者行为的因素几个方面展开的。消费者行为的定义是消费者行为理论的逻辑起点。国内外学者均对消费者行为的内涵进行了定义。消费者行为指消费者在获取、消费、使用、处置产品和服务时所表现出来的各种行为及过程（张理，2013）。国外学者对消费者行为给出的比较有代表性的定义为：消费者为满足个体或组织的需要，做出的如何选择、运用和处置产品和服务的想法，以及由此对消费者和社会产生的福利或影响（Kenneth，2000）。消费者的行为动机、消费需求和消费行为的影响是消费者行为理论的核心内容。消费需要是基础，消费需要决定消费动机，消费动机支配消费行为。

具体来说，消费者行为理论主要研究消费者在获取、消费、使用、处置产品和服务过程中的心理特点和行为规律。主要包括三个方面的内容：一是消费者在信息搜寻、购买决定和购后评价等购买决策中的消费心理过程；二是消费者在获取、消费、使用、处置产品和服务时的认知、情感等心理活动过程，以及在整个过程中表现出来的心理倾向和个体心理特征；三是分析影响消费者购买决策的因素，主要包括个人因素、家庭因素、群体因素、社会文化因素等（Solomon，2008）。

2. 消费者购买决策理论

消费者购买决策指消费者在对某一种产品、服务做出谨慎、理性的评价后，做出的能满足某一种特定需要的产品选择的过程。广义的消费者购买决策包括一个完整的购买决策过程和影响购买决策的全部因素。影响消费者购买决策的因素包括个人心理特征、消费行为动机、商品价格、社会环境等。其中，消费者个人心理特征主要包括消费者的性格、气质、兴趣等。消费者个人心理特征差异较大，且直接影响着消费者的购买决策（黄维梁，2005）。如果从社会整体情况来看，消费者行为受社会经济环境、文化环境、家庭情况、个人收入等情况的影响。总的来说，消费者行为受外在因素和内在因素的影响。内在因素主要包括消费者个人的生理和心理因素，外在因素主要包括社会政治、经济、文化和家庭因素。

狭义的消费者购买决策仅指购买决策过程本身，包括需求的产生、购买动机的形成、购买方案的选择及实施和购后评价几个环节。消费者购买决策过程模型详细描述了消费者的决策过程。该模型认为消费者在选购商品时经历了需求认知、获取信息、对比备选方案、做出购买决策和购后评价几个阶段。

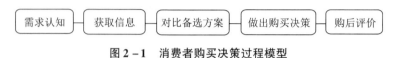

图 2－1　消费者购买决策过程模型

3. 消费者行为理论与转基因大米消费行为

消费者行为理论利用无差异曲线这一研究工具具体地阐述了消费者理论。实质上说，消费者行为理论主要研究消费者在一定的收入约束下，如何在各种商品和劳务下做收入分配，以实现效用最大化。需要指出的是，本文把消费者个体行为的异质性纳入分析框架中，并把消费者行为的同质性看作异质性的特例。消费者行为的异质性包括消费者购买决策的有限理性和不完全利己性。

转基因大米消费行为指消费者在购买转基因大米时表现出的各种行为及过程。首先是消费者对转基因大米信息的搜寻及对转基因大米的评价、转基因大米的购买决策等不同购买阶段的消费心理过程及消费行为；其次是消费者在获取转基因大米时的认知、情感等心理活动过程；最后是影响消费者转基因大米购买决策和消费行为的因素。消费者在选择转基因大米时，不仅受到外界环境和营销的影响，还受到消费者黑箱元素的影响。消费者黑箱主要包括两个方面的内容，一是消费者个人基本特征，它会影响消费者对来自外界刺激的反应；二是消费者的购买决策过程，它会直接影响消费者对转基因大米的购买选择。消费者黑箱作为一个相对的概念，随着消费者主体认识的提高，黑箱可能会转化为白箱。当外部刺激进入消费者黑箱，消费者对是否购买转基因大米、购买数量、购买价格等做出选择，以满足消费需求。在具体衡量消费者转基因大米购买行为的影响因素时需要测算消费者支付意愿，找出影响消费者转基因大米支付意愿的因素。本文在利用传统消费者决策模型的基础上，增加支付意愿模型作为扩充。

转基因大米是一种新型产品，其附带的安全信号越来越引起消费者的重视。消费者出于对转基因大米的安全考虑，会产生对安全有保证的食品的购买动机。在这一环节中，消费者对转基因大米安全性的关注程度会影响其对转基因大米的认知。在追求质量安全食品动机的驱使下，消费者会借助各种信息获取途径收集有关转基因食品安全的信息。尤其是在当前的我国，食品安全事件多发，转基因食品安全问题极具争议，政府、新闻媒体和网络群体都在不断地向消费者传递转基因食品的安全信息。消费者对转基因食品安全信息的关注度会影响其认知水平和购买意愿。在购买决策环节，消费者会对转基因大米的价格、数量等做出选择，决策结果会受到收入约束的影响，同时个人、社会因素也会对这一环节产生影响。另外，消费者的家庭规模也会对购买决策产生影响。家庭中是否有 16 岁以下的孩子和 60 岁以上的老人同样会影响转基因食品的购买。购买后消费者会对转基因大米做出评价，这个评价会对下一次的购买决策产生影响。

2.5　计划行为理论

1. 计划行为理论的基本原理

计划行为理论是由 Ajzen 于 1958 年提出的，主要运用于消费者行为、农户行为和企业行为的研究上。消费者购买任何商品的背后都有一段复杂的行为过程。计划行为理论（Theory of Planned Behavior，TPB）是研究消费者行为中最为成熟和经典的理论模型。具体来说，计划行为理论是研究非完全个人意志控制下的行为认知模型，用来解释人的行为意向，主要包括以下五个方面的内容：（1）非完全个人意志控制的行为不仅受个人行为倾向的控制，而且受实际约束条件的制约；（2）准确的认知行为控制可以反映实际约束条件的限制，因此可以把认知行为控制作为实际约束条件的替代指标，预测实际行为发生的可能性；（3）个人行为倾向主要由主观行为态度、主观行为规范和个人知觉行为控制三个方面决定，主观态度越积极、个人知觉行为控制能力越强，则行为意向就越大；（4）个体在做出主观行为意向的决定时会获取相关的行为信念，这些行为信念会对主观行为态度、行为规范和直觉行为控制产生影响；（5）个人基本特征及所处的社会、文化环境均会对行为信念产生影响，进而影响行为态度、行为规范和知觉行为控制。

行为态度指个体对完成某特定行为的评价，包括正面评价、负面评价和中性评价三个方面。它由行为信念决定。行为信念由行为强度和结果评估两部分组成。行为强度影响行为结果的发生，结果评估是对行为结果的评价。行为规范，即主观行为规范，是指个体在确定是否完成某特定行为时感知到的社会压力。个体在做决策时受重要参考群体意见的影响。主观行为规范受行为规范信念和行为顺从动机的影响。行为规范信念指个体预期到的重要参考群体对其是否做出某特定行为的愿景。行为顺从动机指个体顺从重要参考群体对其行为所报期望的心理意向。个人行为知觉控制指个体感知到的完成某特定行为的难易程度。它由控制信念和知觉强度决定。

2. 计划行为理论与转基因大米消费行为

消费者在做转基因大米消费选择时受过去行为和行为目标的影响。因为转基因大米是新型食品，消费者在做购买选择时会受其积累的购买经验和食品购买过程中逐渐形成的行为态度和偏好的影响。消费者在购买转基因大米时除了受主观行为态度的影响，还受到家庭和社会团体组织的影响。消费者个体的主观辨别能力、媒体的宣传报道、政府的监管力度等均会对消费者的个人知觉行为控制产生影响。消费者掌握的信息越多、越可靠，对转基因食品的认知、判断能力越强，个人知觉行为控制能力也就越强。主观行为态度、行为规范和个人知觉行为控制能力会共同作用于消费者转基因大米消费行为意向。同时，外界宏微观因素也会对消费者的行为意向产生影响，进而影响消费者的实际购买行为。

2.6 科学传播理论

1. 科学传播理论的基本原理

传统的科普概念强调科学知识的大众普及，是掌握科学知识的人群向没有掌握科学知识的人输入科学知识的单向传播过程。这需要预先设定这一科学技术是好的，具有正面价值。第二次世界大战之后，发达国家首先提出了"公众理解科学"这一概念。与传统的科普相比较，"公众理解科学"的内容更加丰富。其中增加了对科学方法的性质说明、对实验假说的检验及对科学进展含义的阐述。随着社会的发展，科学与社会的关系中出现障碍，公众对科学产生了信任危机。双向交流与对话是重建公众与科学信任的新途径，涉及不同价值取向间的沟通与对话。在科学传播的过程中，不仅要传达科学的优越性，也要传达科学的风险与不确定性。这样才能使公众对科学有一个理性、客观的认识。基于公众对话和磋商的科学传播理念，洛根提出了普及—扩散模型。这一模型认为科学传播是一个统一体，是双向的互动过程。在科学传播的过程中不仅要重视科学家和其他权威人士的利益，而且要关注受众的利益。洛根强调公众、媒体与科学资源之间的对话，认为科学传播是一个往复的过程，而不是科学资源从科学家到公众的单向流动。

美国的研究结果显示，科学家、决策者、产业界和其他政治与社会利益的代表对生物技术的发展方向起决定作用，这些利益主体在生物技术应用方面进行权力角逐。如果某个利益集团能够控制媒体和公众对一个问题的态度，无疑它就成功地控制了公众议程。当一个利益主体能够对媒体的话题立场进行限定时，就为争论定下了基调，规避了反对意见在媒体公共平台上的呈现和反映。这些媒体框架也会为新闻记者的工作服务，使新闻记者对信息快速地进行归类和辨别，信息包装之后传达给受众。尤其是在新闻记者不熟悉的领域，新闻框架策略会导致新闻包装，随之是新闻记者采用相同的框架广泛报道。

2. 科学传播理论与转基因水稻商业化发展

在我国转基因水稻信息科学传播中，无论是科学家、产业界还是决策者及其他利益集团均会对其产生影响。然而不论这些利益主体在转基因水稻信息传播中扮演什么样的角色，关键还在于公众对这些对话和信息是否接受，以及是否对公众的认知、态度、行为产生影响，产生怎样的影响。转基因水稻信息传播中，不仅要将科学家、政府方面的信息传递给公众，同样也需要将公众的观点反馈给科学家和政府。转基因水稻商业化发展有赖于公众的支持，如果公众对科学家和政府丧失信任，公众对转基因水稻的负面反应则有可能会影响政府决策，阻碍转基因水稻商业化发展。

第三章 政府管理对转基因水稻商业化发展的影响分析

转基因技术及食品的安全性本身是一个技术问题，但是其一旦商业化推向市场，就牵涉到多方利益体，进而演变成一个社会问题，产生的影响也远远超过了科学的边界。尤其在当今，话语方式和话语渠道日益多元化，转基因技术及食品安全性引发的争议日益激烈。除了大众的一些无依据懵懂认知外，一方是科学家对转基因技术及食品的极力辩护与解释，另一方是一些社会公众人物的质疑与抵制，但两者的争论到现在为止似乎还没有结论。

在这样的情况下，政府决策者在农业转基因技术的发展取向面前陷入了两难的困境：一方面需要利用转基因技术具备的优势发展现代农业，突破农业发展瓶颈，以期获得良好的经济和社会效益；另一方面又需要注意这项新技术可能存在的潜在风险，保障国家生物、粮食安全及人民群众的身体健康。各国政府在权衡风险和收益时做出了不同的农业转基因技术及食品安全监管模式选择，有的国家，如欧盟，为了规避转基因技术所面临的风险，实行了严格的、限制的监管政策；有的国家，如美国，为了充分利用农业转基因技术所带来的收益，推行宽松的、鼓励的监管模式；也有的国家实行介于严格和宽松的模式中间的监管模式。

在转基因水稻发展问题上，我国政府扮演着双重角色。一方面，政府需要协调转基因水稻各方利益主体之间的关系，以实现社会福利最大化。另一方面，政府要对公共利益负责，避免对消费者福利和环境造成损害。具体来说，政府一方面要推进其发展以达到增强产业竞争力和经济发展的国家战略性目标，另一方面又要对其进行适当的监督和管理以保护消费者利益和生态环境。

本章首先介绍并分析了欧美国家的农业转基因技术及食品安全监管法律、机构设置、审批程序、商业化批准条件、标识制度等，然后，在全面介绍我国转基因技术及食品安全监管体制、政策的基础上，开展了国内外监管政策的对比分析，从中识别出我国安全监管政策中影响农业转基因技术及食品发展，特别是转基因水稻商业化发展的一些障碍因素。

3.1　国外转基因技术及食品安全监管政策比较

国际上对农业转基因技术及食品的安全监管没有统一的模式，有些国家制定了专门的法律（如欧盟和澳大利亚）对农业转基因技术及食品进行监管，有的国家将农业转基因技术及食品的监管纳入现有的法规中（如美国），且各国在农业转基因技术及食品安全监管的具体细节上也存在明显的差异。美国、加拿大、欧盟、澳大利亚等国的农业转基因技术及食品安全监管起步较早，已经形成了较为完善的管理体系。

3.1.1　国际组织

随着 20 世纪 80 年代以来转基因技术研发的不断推进，人们对转基因食品的安全性问题日益关注，一些国际组织如联合国粮农组织（Food and Agriculture Organization of the United Nations，FAO）和世界卫生组织（World Health Organization，WHO）等，开始制定转基因作物及产品的安全评价标准，承担了转基因生物安全的全球协调管理工作。粮农组织、世界卫生组织、经合组织（OECD）、国际食品法典委员会（Codex Alimentarius Commission，CAC）等，分别在《21 世纪议程》《生物多样性公约》《卡塔赫纳生物安全议定书》和《关于环境与发展的里约宣言》的基础上，制定了一系列转基因生物安全管理的法规和准则。

1990 年，联合国粮农组织和世界卫生组织在专家咨询会上讨论了转基因植物及食品安全性评价需要考虑的一般性和特殊性问题，提出了有关转基因植物及食品安全性评价的标准，即安全评价应基于食品的分子、生物及化学特征，并需要对转基因食品进行传统的毒理评价。1993 年，世界卫生组织提出了转基因植物使用抗生素基因标记的潜在风险问题，并提出评价转基因食品安全的"实质等同性原则"。2000 年，联合国粮农组织和世界卫生组织在瑞士日内瓦召开联席会议，就转基因食品安全评价的基本原则、内容等问题进行了讨论，并在会后发布了《关于转基因植物食品的健康安全问题》，此文件对各国的转基因食品安全评价工作具有指导意义。2003 年，国际食品法典委员会针对转基因食品的安全监管问题发布了三个指导性文件，即《现代生物技术食品风险评价原则》《转基因植物来源食品的食品安全性评价指南》和《重组微生物来源食品的食品安全性评价指南》。这三个文件后来成为各国制定转基因生物安全性评价的指导性文件。

3.1.2 美国

美国是对转基因生物安全采取允许式监管模式的典型代表，其转基因安全监管是建立在"可靠科学原则"的基础上的产品特性和用途的监管，只要转基因产品在结构和组成上与传统农产品实质等同，则视为安全。美国现行的转基因生物安全管理政策法规体系，遵循了1984年美国政府颁布的《生物技术协调管理框架》（*Coordinated Framework for Regulation of Biotechnology*），该法规于1986年6月26日正式实施。美国政府并没有针对转基因食品安全监管设立新的专门管理机构，只是在原有的法规架构内设立新的法规，并注意法规之间的协调互补。在监管的框架范围内，坚持实质等同，仅监管具体的产品而非产品的生产过程。经过30多年的发展，已经形成了合理有序的监管制度。

转基因产品的管理机构上实行八部门负责，各职能机构权责明确、各司其职、相互配合。国家生物技术政策协商委员会（Domestic Policy Council Working Group on Biotechnology）负责协调联邦各部门的分工合作以及与生物技术相关的国际事宜；国家科学基金委（NSF）为联邦公共科研机构的转基因生物技术的研发工作提供资金支持；生物技术科学协调委员会（BSCC）负责分析解答主管部门在管理过程中遇到的技术问题并就此提出科学层面的建议；国家卫生研究院（NIH）负责进行转基因生物安全方面的研究，并制定、修订相关实验规则；劳工部职业安全与健康管理局（OSHA）参与制定生物技术相关的健康标准和职业安全指南；农业部（USDA）负责对转基因农作物和初级农产品进行监管，农业部下设的动植物检验检疫处（APHIS）负责转基因生物的风险评价，确保转基因植物不会对人体健康和环境产生安全风险；环境保护局（EPA）负责检测导入植物的转基因抗虫物质是否会对人体和环境造成威胁；食品药品监督管理局（FDA）负责对转基因食品的安全监管（见表3-1）。因此，美国农业部、环境保护局和食品药品监督管理局在转基因植物和食品的安全监管中起核心作用。

表3-1　　　　美国转基因作物安全监管部门职能及法律依据

部门	监管范围	法律依据
农业部	转基因植物、植物有害生物	《植物保护法》《作为植物有害生物的转基因生物和产品的引入》（7CFR340）、《特定转基因生物的进口、洲际转移及环境释放规定》

部门	监管范围	法律依据
食品药品监督管理局	转基因食品、食品添加剂、饲料	《源于转基因植物的食品政策》《转基因食品自愿标识指导性文件》
环境保护局	转基因植物性农药、微生物农药、新型重组微生物	《农药登记和分级程序》《毒物控制法》《联邦杀虫剂、杀菌剂、杀鼠剂药物法》《植物内置式农药的程序和要求》《转基因微生物管理办法》

尽管美国对转基因食品实行分散的监管模式，但在科研和商业化生产、上市过程中对重点和关键部分形成了有针对性的监管制度，具体说明如表3-2所示。

表3-2　　　　　　　美国转基因作物安全监管部门职能说明

监管部门	监管职能
农业部、环境保护局	田间试验许可制度
	环境释放许可与报告制度
	跨州转移许可及运输包装标识制度
	附条件审批豁免制度
食品药品监督管理局	自愿咨询制度
	自愿标识制度
	食品设施注册制度
	记录建立与保存制度
	进口食品与申报和行政扣留制度

体系严密、内容详细的部门监管模式是美国推行转基因产品市场化监管必不可少的基础。部门监管主要分两个阶段进行：技术研发阶段和产品商业化推广阶段，美国政府主要负责安全性风险监管，市场选择的风险完全由企业自己承担。

完善的部门监管体系、严格执法和全民维护法制的社会意识，是确保美国政府转基因产品安全监管有序运行的重要保证。首先，美国对转基因食品实行的是产品而非过程的监管，虽然未设单独的机构完成此项工作，但是各监管部门相互沟通与协调确保了对转基因食品的全面管理，也避免了机构设置的冗余，同时政策法规体系涵盖了监管的全过程。其次，转基因食品的上市必须符合联邦和州政府法规的相关规定。为了保证执行效率，联邦政府对申请规定了详细的申报材料，对各个环节的审批都做了严格的时限规定。

市场选择是部门监管的补充，一方面弥补和填补部门监管的不足，另一方面引导部门监管向市场需求的方向转变。尽管美国的转基因产业较为发达，但是转基因产品的市场选择对其批准与否起关键作用。市场选择在国际贸易决策和国内市场消费选择中对部门监管起到了重要的补充作用。如2013年的美国小麦转基因污染事件，小麦主要进口国韩国、日本纷纷限制对美国的小麦进口。美国农业部迅速就此展开调查、组织检测并发表调查声明，为进口国提供快速有效的贸易决策依据。另外，一些州颁布禁令禁止转基因作物的种植，当地农民组织则从自身利益出发请求解除禁令以保护当地农民公平参与竞争。

3.1.3 欧盟

欧盟对转基因食品一直持谨慎和怀疑的态度，采用"预防原则"作为管制转基因食品的理论基础。对转基因食品安全采用预警式的监管模式。自20世纪90年代第一个转基因作物品种在欧洲批准商业化种植以来，转基因作物及产品成为欧洲各国政府和广大民众关注的焦点。受消费观念、宗教信仰等因素的影响，欧洲转基因生物安全监管严格，实行全产业链可追溯监管模式。从20世纪90年代欧洲就开始着手制定关于转基因产品的法律框架，具体说明见表3－3。

表3－3　　　　　　　　欧洲转基因食品安全监管法律说明

时间	法律名称	备注
1990 年	《关于转基因微生物封闭利用的指令》《关于有意向环境释放转基因生物的指令》	
1997 年	《新食品和新食品成分条例》	要求对转基因食品实行许可和标识制度
1998 年	《关于转基因微生物封闭利用的指令》	基于1990年版本的修订
2001 年	《关于有意向环境释放转基因生物的指令》	1990年版本的重新制定，强调对上市转基因食品进行安全评价，用个案处理方式对转基因食品上市实行严格的审批
2003 年	《转基因食品和饲料条例》《转基因生物可追溯性和标识以及转基因食品和饲料可追溯性条例》《转基因生物越境转移条例》	

欧盟理事会（Council of the European Union）负责制定转基因食品安全监管相关法规，授权欧盟委员会执行相关法律法规，邀请欧盟各成员国参与转基因食品的监管工作和合作交流。欧洲议会下设 20 个专门委员会，其中农业委员会，内部市场和消费者保护委员会，环境、食品安全和公共卫生委员会的职能中涉及转基因食品的安全监管工作。欧盟委员会中涉及转基因食品安全监管的各司（农业和渔业司、环境司、内部市场司和健康与消费者保护司）分工协作。从 2004 年开始，欧盟对转基因生物及产品实行集中管理，主要由欧洲食品安全局负责农业转基因作物的安全监管工作，职权范围涉及食品和饲料安全、营养、植物保护和卫生等方面。从农业转基因生物的研发到批准上市的全程，欧洲食品安全局均设立了专家咨询小组进行评估。它的主要任务是向欧盟委员会提供涉及转基因食品安全问题的风险评估报告，以便欧盟委员会做出决定，同时负责向公众通报风险评估报告的结论。

安全评估阶段，申请人需要按照欧盟法规和欧洲食品安全局的相关要求向所在国的主管机构提出申请，由所在国的主管机构审核通过后转发至欧洲食品安全局进行风险评估。风险评估工作由专门的转基因生物风险评估小组完成，小组成员是来自 40 多个领域的专家，包括分子遗传学、生物学、植物生理学、毒理学等，并与欧盟各成员国及相关组织机构的专家进行交流。另外欧洲食品安全局还发布了几个指导性文件，以期对转基因生物和产品进行更科学的评估（见表 3-4）。这些文件对申请书中需提交的科学数据、风险评估的原则等进行了说明。

表 3-4 欧洲食品安全局发布的关于转基因植物风险评估的指导文件

发布时间	文件名称
2006 年	《现有转基因产品授权申请的更新说明》
2009 年	《非食品和非饲料用途的转基因植物风险评估的指导说明》
2010 年	《转基因植物环境风险评估的指导说明》
2011 年	《由转基因植物衍生的食品和饲料的风险评估的指导说明》 《转基因食品及饲料以及用于食品和饲料生产的转基因植物递交申请的指导说明》 《转基因微生物以及用于食品和饲料的转基因微生物产品风险评估的指导说明》
2012 年	《来源于转基因动物的食品和饲料以及动物健康和福利风险评估的指导说明》

风险评估工作主要从环境风险和人体健康风险两个方面进行。人体健康风险主要从有无有害物质、过敏性蛋白，是否可能引起基因突变、改变代谢途径和破坏有益成分几个方面进行；环境风险则从对生物多样性的影响、对

非靶生物的影响、作物杂草化、靶害虫的抗药性及病毒重组等方面进行评估。风险等级从高到低划分为"严重的""中等的""低等的"和"可忽略的"四个等级，并将风险发生的可能性和后果的严重程度结合起来进行综合考虑。

欧盟的转基因植物风险管理工作贯穿于从研发、生产到加工的全过程，只允许在某一地域内种植的转基因作物实行限定使用的管理方式；对试验性释放和商业化的转基因作物进行监控；划定隔离区以减少害虫抗药性的发展；对转基因作物和食品实行可溯源性的风险管理策略等。

申请上市程序上，生产商或进口商可向任何成员国主管部门提交申请书和风险评估报告，同时需提交至欧盟委员会；成员国完成必要审查后须在 3 个月内完成评价工作并将评价结果报告给欧盟委员会；然后欧盟委员会将所有材料转交至其他成员国进行审核。如全部成员国在 3 个月内没有异议则意为同意该转基因产品商业化，如果有任何一个国家反对则需在 2 个月内再完成一次表决，表决通过仍需欧盟理事会进行投票。商业化一旦批准，有效期为 10 年。

欧盟在转基因食品的上市批准上设置了多重障碍。根据欧盟相关规定，食品安全局须在接到申请 6 个月内给出评估意见，但在评估过程中可能需要申请方补充材料。而且在欧盟委员会投票过程中会要求食品安全局实施进一步的评估，造成审批时间的难以确定。一般来看，欧盟完成一项转基因作物的安全评估需要 45 个月，而美国仅需 25 个月。通过欧盟委员会表决的时间也十分漫长。以 1507 玉米为例，食品安全局于 2000 年 11 月受理安全评估工作，获取安全生产证书用了 4 年 5 个月，等待欧盟委员会的第一次表决耗时 47 个月 22 天。

欧盟对进口转基因作物的审批程序与种植审批区别对待，而美国则相同。截至目前，美国共同时审批进口和种植转基因作物 90 个，欧盟批准商业化种植品种 2 个，进口品种 37 个。欧盟视复合形状的转基因作物为新的转基因作物，并要求对其安全性进行重新评估，而美国对复合形状的转基因作物不再进行重新评估。这与欧盟以生产过程为基础的安全监管理念保持一致，它将转基因技术视为一种新的生产方法，只要产品的生产原料和生产过程中涉及基因改良，这种产品就与传统产品存在差异，则被认定为一种新产品，就需要进行重新评估。而美国是以产品为基础的安全监管，在实质等同原则下，只要通过科学评估认为转基因食品与传统食品实质等同则无须特别管理。

3.2　我国转基因生物安全监管政策分析

我国政府一向重视转基因生物的安全监管工作，对转基因食品安全的监管采取严格的基于实质等同原则的过程管理。

3.2.1　转基因生物安全监管制度变迁

从 20 世纪 90 年代开始，我国政府就开始积极着手实施有关农业转基因技术及食品的安全监督管理工作。1990 年，我国政府为了加强对新资源食品（包括转基因食品）的管理颁布了《新资源食品卫生管理方法》，主要说明了新资源食品的审批程序（张秀芳，2012）。为了加强对转基因技术的安全监管，1993 年国家成立了生物遗传工程安全委员会，负责指导生物遗传工程安全管理工作。同年，科技部颁布了《基因工程安全管理办法》。1996 年农业部颁布了《农业生物基因工程安全管理实施办法》，这是我国第一个农业转基因生物安全管理文件。2000 年公布的《中国国家生物安全框架》将转基因生物的风险评估和安全管理作为生物安全框架中的重要组成部分。

按照国际相关组织和世界多数国家的普遍做法，针对转基因生物安全管理的特点并结合农业转基因生物工作的需要，国务院于 2001 年 5 月颁布了《农业转基因生物安全管理办法》，这是我国第一部有关转基因生物安全的法律性文件，它奠定了我国转基因食品安全监管的法律框架基础，明确说明了转基因生物安全评价、生产与经营许可、标识管理、进口安全审批和检验检疫等的要求，是我国转基因生物安全流程性、系统化监管的开端。继而，农业部于 2002 年 1 月发布了《农业转基因生物安全评价管理办法》《农业转基因生物进口安全管理办法》《农业转基因生物标识管理办法》三个配套规章，分别就安全评价管理的职能权限范围及对象、进口转基因生物的类别界定及进口申请程序和我国境内上市转基因作物的要求进行了规定，并公布了第一批实施标识管理的转基因生物目录（黄季焜，2010）。

国家质检总局于 2004 年 5 月发布了《进出境转基因产品检验检疫管理办法》，规定对转基因动植物、微生物及其产品和食品采用申报、标识核查和过境许可证制度。2006 年 1 月农业部发布了《农业转基因生物加工审批办法》，规定了从事农业转基因生物加工需要具备的条件。卫生部于 2007 年颁布了《新资源食品管理办法》，提出应对新资源食品采取危险性评估（张秀芳，2012）。至此，我国农业转基因生物安全及转基因食品安全监管体系完成初步构建。目前，我国已正式核准加入联合国《卡塔赫纳生物安全议定书》，这将进一步推动中国生物安全管理工作的开展与完善（邱彩虹等，2006）。

3.2.2 转基因安全监管政策框架及审批程序

目前，我国对转基因技术及食品的安全监管是以《农业转基因生物安全管理条例》《农业转基因生物安全评价管理办法》《农业转基因生物进口安全管理办法》《农业转基因生物标识管理办法》《农业转基因生物加工审批办法》为指导进行的。在以上5个配套规章的基础上，农业部又先后发布了3个部令、1个部发文、18个公告来补充转基因技术及食品安全监管的实施细则、评价标准和操作指南，在此基础上形成了全面的、结合我国实际情况的、可操作性强的转基因生物安全监管政策法规体系。在《农业转基因生物安全管理条例》的统领下，配套规章制度对在我国境内从事的转基因技术及食品的研发、试验、生产、加工、进出口等活动进行了全面的约束说明，为我国实现对转基因农产品的全程管理提供了制度保障（见表3-5）。

表3-5　农业部发布的有关转基因技术及食品安全监管的相关文件

发布时间	内容
2002 年 3 月	转基因农产品安全监管临时措施
2002 年 3 月	关于贯彻执行《农业转基因生物安全管理条例》及配套规章的通知
2002 年 10 月	延长转基因农产品安全管理临时措施实施期限
2003 年 10 月	农业转基因生物检测费收费标准
2004 年 2 月	转基因农产品安全管理正常措施
2004 年 7 月	关于修订农业行政许可规章和规范性文件的决定
2004 年 9 月	转基因抗虫棉安全证书的申请程序
2006 年 1 月	农业转基因生物加工审批办法
2006 年 5 月	关于印发《转基因作物田间试验安全检查指南》的通知
2006 年 7 月	《转基因植物及其产品使用安全评价导则》等5项标准发布实施
2006 年 10 月	农业转基因生物安全证书续申请程序
2007 年 3 月	明确涉及南繁的转基因农作物安全评价申报要求
2007 年 6 月	《农业转基因生物标签的标识》等14项标准发布实施
2007 年 9 月	关于申报转基因生物安全评价有关事项的通知
2007 年 12 月	《转基因植物及其产品成分检测抗虫玉米 Bt10 及其衍生品种定性 PCR 方法》等27项标准发布实施

发布时间	内容
2008 年 2 月	关于调整 2008 年转基因生物安全评价时间的通知
2008 年 2 月	转基因抗虫棉生产应用安全证书申请程序
2009 年 4 月	《转基因植物及其产品成分检测耐贮藏番茄 D2 及其衍生品种定性 PCR 方法》等 3 项标准发布实施
2010 年 11 月	《转基因植物及其产品成分检测耐除草剂棉花 MON1445 及其衍生品种定性 PCR 方法》等 19 项标准发布实施
2011 年 12 月	转基因抗虫棉检测工作
2012 年 3 月	《农业植物品种命名规定》
2012 年 6 月	《转基因植物及其产品成分检测耐除草剂大豆 356043 及其衍生品种定性 PCR 方法》等 13 项农业标准发布实施
2012 年 11 月	《转基因植物及其产品成分检测水稻内标准基因定性 PCR 方法》等 6 项农业国家标准发布实施
2013 年 2 月	关于开展转基因抗虫棉转基因成分验证检测的通知
2013 年 5 月	农业部办公厅关于印发《农业转基因生物安全委员会工作规则》的通知
2013 年 5 月	《转基因植物及其产品成分检测棉花内标准基因定性 PCR 方法》等 4 项农业国家标准发布实施
2013 年 12 月	《转基因植物及其产品环境安全检测耐除草剂大豆第 1 部分：除草剂耐受性》等 19 项农业国家标准发布
2014 年 5 月	农业部关于进一步加强农业转基因生物安全监管工作的通知
2014 年 9 月	农业部办公厅关于开展转基因知识集中宣传培训工作的通知
2015 年 2 月	农业部办公厅关于印发《农业部 2015 年农业转基因生物安全监管工作方案》的通知

资料来源：农业部网站，http：//www.moa.gov.cn。

转基因生物安全评价机构。设立了国家农业转基因生物安全委员会，委员会成员由从事农业转基因生物研究、生产、加工、检验检疫、卫生、环境保护等方面的专家组成，每届任期为三年，负责农业转基因生物的安全评价工作，其中包括农业转基因生物进口的安全评价工作。截至目前，农业部已组织成立了 4 届安全委员会，聘任委员数超过 120 人。安全委员会的秘书处设立在农业部科技发展中心（见表 3-6）。

表 3 - 6　　　　　　　　我国历届农业转基因安全委员会情况说明

名称	组建时间	成员人数
第一届农业生物基因工程安全委员会	1997—1999 年	40
第二届农业生物基因工程安全委员会	2000—2001 年	44
第一届农业转基因生物安全委员会	2002—2004 年	58
第二届农业转基因生物安全委员会	2005—2008 年	74
第三届农业转基因生物安全委员会	2009—2012 年	60
第四届农业转基因生物安全委员会	2013—2015 年	64

转基因生物的安全评价工作分植物、动物、微生物三个类别分级分阶段进行。依据安全评价的结果，把农业转基因生物按照其对人类、其他动植物、微生物和生态环境的危险程度分为四个等级：安全等级Ⅰ（尚不存在危险）、安全等级Ⅱ（低度危险）、安全等级Ⅲ（中度危险）、安全等级Ⅳ（高度危险)[①]。安全评价和安全等级的确定步骤见图 3 - 1。

资料来源：作者根据《农业转基因生物安全评价管理办法》相应规定整理。

图 3 - 1　农业转基因生物安全等级评价步骤说明

转基因作物的试验、生产步骤为：先试验，再许可，最后投入生产。要求从事农业转基因生物研究与试验的单位，需具备相应的安全设施，并成立农业转基因生物安全小组，负责本单位农业转基因生物研究与试验的安全工作，以保证研究和试验的安全性。对于农业转基因生物的试验，应遵守《转基因作物田间试验安全检查指南》的要求进行，在从上一试验阶段转入下一试验阶段时，试验单位应当向国务院农业行政主管部门提出申请，安全评价合格以后由国务院农业行政主管部门批准转入下一试验阶段。在生产性试验结束之后，试验单位可以向国务院农业行政主管部门申请领取农业转基因生物安全证书。进行转基因植物种苗生产的单位或个人需在取得农业转基因生物安全证书并通过品种审定和具有相应的安全管理、防范措施的条件下，申

---

①　《农业转基因生物安全管理条例》，http：//www. moa. gov. cn/ztzl/zjyqwgz/zcfg/201107/t20110711_ 2049870. htm。

请由国务院农业行政主管部门颁发的种子生产许可证。经营转基因植物种苗的单位和个人应当取得国务院农业行政主管部门颁发的种子经营许可证，并建立经营档案①。

进口的农业转基因生物，应按照用于实验研究的、用于生产的以及用作加工原料的三种用途分别进行管理。从境外引进的安全评价等级为Ⅰ、Ⅳ的农业转基因生物，用于实验研究的应向农业部提出申请以获得农业转基因生物进口批准文件。从境外引进的安全评价等级为Ⅲ、Ⅳ的农业转基因生物，用于实验研究的在进入中间试验时，引进单位应向农业部提出申请。从境外引进转基因生物用于环境释放和生产性试验的，引进单位应向农业部提出申请。用于生产、用作加工原料的进口农业转基因生物，应取得农业转基因生物安全证书。如果进口的农业转基因生物具有生命活力，应当建立进口档案，并采取与农业转基因生物相适应的安全控制措施②。

凡是在我国境内从事农业转基因生物安全研究、试验、生产、加工、进口的单位和个人，应当根据农业转基因生物的类别和安全等级，分阶段向农业转基因生物安全管理办公室报告或者提出申请。农业部每年组织两次农业转基因生物安全评审，并交由农业转基因生物安全委员会进行安全评价。安全评价分食用安全评价和环境安全评价两部分，在实验研究、中间试验、环境释放、生产性试验各阶段均进行，且各个阶段的评价标准不同。农业部每年3月和9月组织两次农业转基因作物安全评审，由农业部授权的转基因生物技术检测机构（40个）进行检测，出具检测报告，并交由农业转基因生物安全委员会依据两个标准委制定的转基因生物安全标准进行安全评价，安全评价合格方可进入下一开发阶段（见表3-7）。

表3-7　　　　　　　　　转基因生物安全评价内容

评价类别	评价内容
食品安全评价	营养学评价 致敏性评价 新表达物质毒理学评价

---

① 《农业转基因生物安全评价管理办法》，http://www.moa.gov.cn/ztzl/zjyqwgz/zcfg/201007/t20100717_1601305.htm。

② 《农业转基因生物进口安全管理办法》，http://www.moa.gov.cn/ztzl/zjyqwgz/zcfg/201007/t20100717_1601304.htm。

续表

评价类别	评价内容
环境安全评价	生物竞争能力评价
	基因漂移的环境影响评价
	靶标生物的抗性风险评价
	转基因植物的功能效率评价
	转基因生物对非靶标生物的影响评价
	对植物生态系统群落结构和有害生物地位演化的影响评价

生产性试验结束后，可以向国务院农业行政主管部门申请领取转基因生物安全证书，由农业转基因生物安全委员会进行安全评价并对评价合格的作物品种，颁发农业转基因生物安全证书，安全证书的有效期为5年。安全证书失效后，需在前一年重新开始进行申请审批程序（见图3-2）。

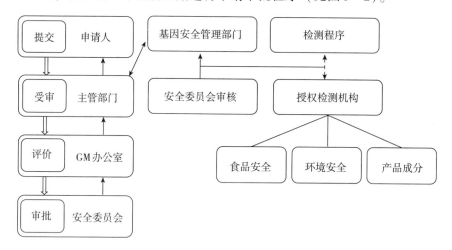

图3-2 转基因生物安全证书获取审批程序说明

以"华恢1号"和"Bt汕优63"转基因水稻为例，两种水稻于1999—2000年开展了中间试验，2001—2002年开展了环境释放，2003—2004年开展了生产性试验，2004—2005年对"华恢1号"和"Bt汕优63"的目标性状进行了检测验证，2007—2008年对其分子特征、环境安全和食用安全的部分指标进行了检测验证。经过11年的严格评价审核，于2009年依法批准发放了转基因抗虫水稻"华恢1号"及杂交种"Bt汕优63"的生产应用安全证书①（见表 3 - 8）。

表 3 - 8　　　　　　　　我国转基因作物的审批状况

作物名称	应用研究	中间试验	环境释放	生产前试验	生产应用证书
棉花	√	√	√	√	√
水稻	√	√	√	√	√
玉米	√	√	√	√	√
番茄	√	√	√	√	√
甜椒	√	√	√	√	√
番木瓜	√	√	√	√	√
杨树	√	√	√	√	√
矮牵牛	√	√	√	√	√
小麦	√	√	√	√	×
大豆	√	√	√	√	×
油菜	√	√	√	√	×
辣椒	√	√	√	√	×
土豆	√	√	×	×	×
花生	√	√	×	×	×
卷心菜	√	√	×	×	×
甜瓜	√	×	×	×	×

资料来源：中国农业科学院农业政策研究中心调查数据，2010。

在进行商业生产前，转基因作物的相关研发人员，需依据《种子法》的相关规定向农业主管部门申请进行品种鉴定并取得品种权人的书面同意。转基因作物种子生产许可证，由生产所在地的省级政府农业主管部门负责审核，农业部核发②。

用于进口的转基因农作物方面，考虑到进口用途不同，安全标准和审批程序也不同。安全证书的申请方面，引进方需提供相应证明文件和输出国无害证明材料，农业部在申请提交日起 270 天以内予以答复是否批准入境。进口转基因生物在获取安全证书时，视用途不同获取安全证书的时间也不同，

---

① 《我国转基因生物安全评价程序是什么？》，http：//www. moa. gov. cn/ztzl/zjyqwgz/zswd/201304/t20130427_ 3445844. htm。

② 《转基因棉花种子生产经营许可规定》，http：//www. zzj. moa. gov. cn/zcfgzzj/gfxwj/201112/t20111209_ 2427947. htm。

一般需要 2 年左右。

目前，我国尚未出台转基因作物一揽子事件（一个产品中涉及多个转基因事件）政策。即使单个转基因事件已经被批准，一揽子事件仍需重新申请批准所有的相关程序。

3.3 转基因食品的标识问题

虽然各国政府对转基因食品在上市以前已经进行了安全评估，但是其在食用安全和环境安全方面尚存的科学未知性，以及长期食用转基因食品可能对人体健康造成的非预期效应，可能会引起消费者的忧虑。转基因食品标识的目的就是为消费者提供必要的转基因食品的真实信息。

国际上对转基因食品进行标识主要有两种观点：第一种观点认为，经过安全评价公开销售的转基因食品是安全的，标识的目的是为消费者在进行购买选择时提供信息；第二种观点认为，在缺乏足够的科学证据证明转基因食品的安全性之前，需要对转基因食品进行标识为消费者提供必要的信息，同时便于对进入市场的转基因食品进行跟踪监控。

自 1996 年欧盟率先建立转基因食品标识制度以来，全球有 40 多个国家和地区相继建立了转基因食品标识制度，但各国在转基因食品标识制度的内容和实施等方面存在较大差异。根据各国采取的政策类型不同可分为三类：第一类是以美国为代表的以"产品为基础"的自愿标识制度；第二类是以"产品为基础"的强制标识制度，澳大利亚和日本推行此项标识制度；第三类是以"过程为基础"的强制标识制度，该制度要求只要产品生产过程中采用了转基因原料，无论最终产品中是否含转基因成分都要标识。

美国转基因食品标识管理主要依据《联邦食品、药品及化妆法》（1938年）、《新品种食品的政策声明》（1992 年）和《转基因食品自愿标识指导（草案）》（2001 年）。其中，《转基因食品自愿标识指导（草案）》中对转基因食品标识问题有详尽的说明，明确反对转基因食品强制标识。认为转基因食品与传统食品具有实质等同性无须特别标识，生产者可自愿选择是否对转基因食品进行标识。同时对选择标识的生产者，提出了一些需要遵循的原则，避免对消费者造成误导。目前美国实行的是自愿标识和强制标识共存，同时允许非转基因食品自愿标识的政策。

自愿标识制度主要针对的是与传统食品实质等同的转基因食品和非转基因食品。标识制度仅要求对转基因产品的特征进行标识，未涉及转基因食品的制造和加工方法。美国食品药品监督管理局这一做法的理由是转基因食品的安全性与其制作方法关系不大，如果详细标识可能会对消费者造成误导，使消费者认为转基因食品与非转基因食品不同。对自愿进行标识的非转基因食品的标识用语也做了要求，避免出现"不含转基因成分"和"未经转基因技术处理"等语句。因为生产过程中的混杂，保证产品100%的非转基因纯度是几乎不可能的。

美国《转基因食品自愿标识指导（草案）》还要求在以下四种情形中对转基因食品进行强制标识，并要做出说明：一是转基因食品与同类的非转基因食品存在值得关注的性质差异，一般名称不能准确地对其进行描述时，则需变更名称进行描述；二是转基因食品与同类的非转基因食品相比含有特殊的营养物质，须标识告知消费者；三是转基因食品含有某种过敏原，且消费者不易察觉，则必须对过敏源进行标识说明；四是转基因食品的食用方法和食后结果具有不确定性，须标识告知消费者。

欧洲转基因食品标识制度较为严格，制度的实施是基于"预防原则"和"保护消费者权益"进行的。1997—2005年欧盟先后共颁布了5项有关转基因食品标识的法规，其中就标识目录、阈值、标识用语及标识的可追溯性管理进行了详细的说明。规定对所有的转基因食品及制成品均需进行标识，不论是否含有外源基因或其编码蛋白。要求对用转基因大豆和玉米提炼的大豆油以及使用大豆油及花生油生产的饼干进行标识。如果食品中的转基因成分含量占这一独立成分含量的0.9%以上也需进行标识。欧盟采用正面的转基因标识用语，如"转基因""含有转基因××"字样。

欧盟将可追溯性纳入转基因食品的标识要求。所谓转基因食品的可追溯性指对转基因生物及利用转基因生物生产的产品在投放市场的各个阶段进行追踪，包括从生产到流通的全过程，这有助于质量控制和确保必要时撤回产品。欧盟严格执行对转基因产品从田间到餐桌的全部环节进行标识，确保了转基因产品的可追溯性。

我国则采取阳性标识方法（陆群峰、肖显静，2009）。农业部负责转基因生物标识的审定和监督管理工作，国家质检总局负责进出口农业转基因生物的口岸标识检查检验工作（张敬平等，2006）。依据《农业转基因生物标识管理办法》的相关规定，需要进行标识的转基因生物名录由农业部和国务院相关部门负责制定和公布。凡列入标识目录的农业转基因生物在进入市场销售时应当进行标识，经营单位拆开原包装进行销售的应当重新标识。标识方法上，转基因作物、种苗的直接标识为"转基因××"；转基因农产品的直接加工品标识为"转基因××加工品（制成品）"或者"加工原料为转基因××"；用含有转基因成分的产品加工的产品，最终销售产品中可能检测不到其转基因成分，应标识"本产品为转基因××加工制成，但本产品已不再含有转基因成分"或者标注为"本产品加工原料中有转基因××，但本产品中已不再含有转基因成分"。

截至 2014 年，我国对 5 类 17 个品种的转基因食品实行标识管理（见表 3 – 9）。但至今尚未对转基因食品设置定量标识管理阈值，也未对非标识目录转基因食品要求进行标识，列入标识范围的转基因产品涵盖的范围较窄。以大豆和玉米为例，进口的转基因大豆和玉米除作为标识品种产品外还可能被进一步加工生产成玉米片、豆浆、豆奶粉等，而这些产品均未被要求进行标识。非转基因食品在生产、加工、运输过程中产生转基因物质的微量混杂是不可避免的，不对转基因食品标识设置定量阈值不具科学合理性。我国转基因食品标识制度未明确说明被列入转基因标识目录的产品和非转基因产品是否需要标识，该如何标识。且从目前的情况看，因缺乏对转基因农产品标识的监管，市场上按规定进行标识的转基因产品并不多。

表 3 – 9　　　　　　　　第一批实施标识管理的农业转基因生物目录

棉花种子
玉米种子、玉米、玉米油、玉米粉
油菜种子、油菜籽、油菜籽油、油菜籽粕
大豆种子、大豆、大豆粉、大豆油、豆粕
番茄种子、鲜番茄、番茄酱

资料来源：《农业转基因生物标识管理办法》。

3.4　国内外转基因生物监管模式的比较

1. 转基因水稻发展战略的转变。欧盟在积极推进转基因技术研发的同时，在农业转基因产品商业化发展上，采取谨慎甚至反对的态度。美国在转基因技术的发展和商业化进程上均持积极鼓励的态度。在我国，1996 年颁布的以"保障安全、促进发展"为出发点的《农业转基因生物工程安全管理实施办法》有力地推动了我国农业转基因生物的产业化。而 2001 年国务院颁发的《农业转基因生物安全管理条例》提出的"科学规划、积极研究、稳步推进、加强管理"的农业转基因生物产业发展指导方针，从以往的"促进发展"演变为"稳步推进",这在主观和客观上放慢了产业化发展速度,造成近年来我国转基因作物产业化的决策取向举棋不定。一方面,政府加大了对转基因作物研发的投入,另一方面,对审批和商业化生产又顾虑重重,不敢决策,导致转基因水稻未能及时推向市场。

2. 转基因水稻监管法规。到 2003 年,欧盟完成了对转基因生物实行严格的全产业链可追溯监管的法律框架体系,其监管的重点是转基因食品的制造过程。美国政府并没有专门设立转基因食品安全监管的专门管理机构和新的法规,但注意法规之间的协调互补,进而实行基于转基因产品的安全监管。自 1996 年农业部颁发《农业转基因生物工程安全管理实施办法》以来,我国农业转基因技术及食品的安全监管工作逐步走上了合理、健康的轨道。在"保障安全、促进发展"的指导思路下科学规划、积极研究、稳步推进。充分借鉴美国、欧盟转基因生物安全监管的经验,秉持积极谨慎的发展态度,对转基因作物的安全性实行全程监管模式,有力地推动了我国农业转基因作物的产业化。与其他国家农业转基因作物和转基因食品安全监管政策对比发现,我国农业转基因作物安全监管中存在一些问题有待改进。

转基因生物安全监管法规立法层次低。我国转基因生物安全监管的相关法规均是以行政法规的形式颁布实施的。从法律的强制性上来讲,这些法规的立法层次较低,法律强制力不足,不能满足我国当前转基因生物安全监管的现实需要。

转基因生物安全监管法规内容设置不合理。主要表现在:一是试验阶段的程序设置复杂。中间试验、环境释放和生产性试验三个阶段的安全评价存在重复性。这也在一定程度上造成了研发时间的拖延与滞后,增加了产品研发的人力和经济成本,不利于我国自主研发的转基因作物品种的产业化进程。区域性转基因作物安全生产证书发放的规定也在一定程度上制约了转基因作物品种的产业化。按照《农业转基因作物安全管理条例》的规定,转基因作物生产应用证书的发放实行分省按区域发放的做法,现有的实践表明,这种做法存在生产应用证书适用范围过窄,对不同省份、不同地域同一品种的种植需要重复申请和审批,这不利于转基因作物品种的推广和应用。

二是基于品种的安全性评价造成了审批时间的延长。美国、加拿大、澳大利亚等国对转基因生物的评价主要采用基于转化事件模式,即一个转化体如果在一个品种中通过了安全性评价则任何来自该转化事件的转基因品种就不需要再进行安全评价。这一做法是考虑到出自同一转化体的转基因作物品种的外源基因插入点、标记编码蛋白和基因拷贝数完全相同,转基因分子特征具有一致性。而基于品种的转基因作物安全评价，一个转基因品种要拿到安全生产证书需要至少三年的时间。我国还要求对作物新品种进行品种审定，即便是拿到安全生产证书的转基因作物，还需要至少三年的时间进行品种生产性试验才能正式进行商业化生产。这无疑对转基因作物的生产应用造成巨大的拖延。进行一项转基因作物的安全评价的平均费用为 800 万~1000 万美元，采用以品种为基础的安全性评价无疑加重了研发企业的成本，限制了其对转基因作物新品种的开发，对转基因技术及食品的发展产生负向影响。

三是标识制度有待改进。我国政府要求对列入转基因标识目录的产品均需要进行标识，但尚未实行定量标识管理。这意味着只要产品中含有转基因成分就要标识，这比欧盟的定量标识制度更为严格，虽然测定容易，但具体的标识、生产和市场流通领域的管理、跟踪等实行成本极大。《农业转基因生物标识管理办法》中规定的需要标识的产品范围较窄。以转基因大豆为原材料的制成品除了标识目录中的五种以外，可能还会有其他类型，但《农业转基因生物标识管理办法》中尚未提及，造成转基因食品安全标识监管的不完全，损害了消费者的知情权。

3. 转基因水稻存在安全监管不力的问题。突出表现在：第一，标识制度执行不力，目前市场上按照规定进行标识的转基因食品很少。第二，安全监管事件时有发生，屡有转基因食品安全事件被曝光。在农业转基因作物和转基因食品的安全监管政策的实施过程中，先后发生湖北转基因大米违法种植、出口欧盟的大米中含有转基因成分等安全监管事件。这说明政府相关部门转基因作物安全监管工作执行不力，势必会在消费人群中产生负面的影响，甚至造成政府信任危机。

4. 转基因水稻信息传播与沟通。政府只是每年在农业部相关主题网站上公布发放安全生产证书的转基因作物品种，没有及时让消费者了解转基因作物安全评价的进程。这可能会加重消费者对转基因食品的顾虑，影响消费者接受和采用转基因食品，对转基因技术及食品发展产生负向影响。

3.5　小结

基于以上对我国转基因生物安全监管政策的介绍和国外转基因生物安全监管模式的比较，针对政府管理对我国转基因水稻商业化发展的影响得出以下几点结论：

第一，自国务院 2001 年颁发的《农业转基因生物安全管理条例》提出

"科学规划、积极研究、稳步推进、加强管理"的指导方针以来，我国转基因技术的发展战略由积极推进转变为了谨慎推行，在一定程度上放慢了转基因生物技术产业发展的步伐。一方面，政府加大了对转基因技术和作物的研发投入，功能基因和转基因作物的研究取得较大进展，处于世界先进水平；另一方面，对转基因作物的商业化生产顾虑重重，左右为难，不敢决策。于是只能在安全审批程序上设置障碍，拖延审批时间，导致转基因水稻不能及时推向市场。

第二，我国现行的转基因生物安全监管法规立法层次低，法律效力不足，不能有效地推进转基因生物安全监管工作。监管法规的内容设置上，安全评价的阶段重复性、区域性安全生产证书的发放，造成了研发时间的拖延与滞后，增加了产品研发的人力和经济成本。基于品种的安全性评价及其后续的至少需要三年品种生产性试验及审定，加重了研发成本，限制了对新品种的开发，拖延了新品种的上市时间。我国实行严格的定性标识制度，加重了安全监管的成本，且不利于流通领域的安全管理与追踪。《农业转基因生物标识管理办法》中规定的需要标识的产品范围较窄，未能涵盖所有可能存在转基因成分的产品。

第三，转基因生物安全监管工作执行不力。一是市面上完全按照农业部颁布的《农业转基因生物标识管理办法》进行标识的转基因食品很少，而有些不含转基因成分的食品却有意地在包装上说明其不含有转基因成分，这在一定程度上对消费者造成认知混淆和误导。二是转基因安全监管事件时有发生，造成消费者政府信任缺失。

第四，政府转基因生物安全监管过程缺乏透明公开机制，造成消费者恐慌，不利于转基因水稻的商业化发展。一是在转基因生物安全评价过程中，政府未能及时向公众通告安全评价的进程，可能会使消费者不能完全掌握转基因生物安全监管的相关信息。二是面对被媒体曝光的转基因生物安全监管事件和一些转基因的不实言论，政府未能及时公开地予以澄清和说明。以上均会造成消费者对转基因生物的猜忌和质疑，不利于转基因水稻的商业化发展。

第四章　媒体信息对转基因水稻
商业化发展的影响分析

　　根据《现代汉语词典（第7版）》中对"媒体"一词的解释，它是指包括报刊、广播、电视、互联网等在内的交流、传播信息的工具。伴随着转基因技术的飞速发展，围绕其安全性的争论从未间断，媒体成为各利益主体意见呈现的重要渠道，并在这场争论中扮演着重要的角色。从2001年墨西哥玉米污染事件、2003年英国Pusztai事件、加拿大超级杂草事件，到国内先后发生的转基因水稻领跑事件和转基因主粮商业化争论事件，无一不是在媒体信息发布后并在媒体的推动下引起社会各界的激烈争论。转基因食品是否安全？转基因主粮是否应该立即商业化？争论双方各执一词。虽然科学界对上述转基因事件进行了证伪，但至今尚不能证实转基因技术绝无风险问题，同时，我国消费者对转基因技术及食品的认知仍处于较低水平，其对转基因技术及食品的观点、看法易受大众媒体新闻报道的影响。因此，媒体在转基因技术及食品的信息传播中发挥着重要的作用，它不仅会再现和建构风险，而且会重塑人们对风险的认知，影响人们对转基因技术及食品的态度。

　　面对科技时代的复杂多元和瞬息万变，各种不同形式的大众传播媒介成为协助我们认识外在世界和了解新生事物的文化肌肤（黄俊儒、简妙如，2010）。大众媒体在科学技术知识的传播方面，扮演着重要的角色。它不仅向受众提供科学技术的发展信息，而且在构建科技新生事物的媒体形象上也具有巨大的能力。这不仅会影响到受众对客观事物的认识，重新塑造受众的价值观，而且对其行为也会产生影响。可以说，媒体如何客观、公正地构建科技新生事物的形象，对科学技术知识的正常传播显得尤为重要。所谓媒体建构的转基因技术及食品（包括转基因水稻）的形象，指转基因技术及食品在大众媒体的新闻报道中所呈现的状态，由此对公众感知、看法及评价产生的影响，而这背后却是各利益主体的观点表达。从媒体信息这个外象出发，分析与转基因技术相关的媒体信息背后的利益相关者在转基因水稻发展中所持的立场及转基因反对者的观点，哪些是基于科学事实的、哪些不是基于科学事实的，继而可能对转基因水稻商业化发展产生的影响，有助于了解媒体报道内容对消费者接受转基因稻米的影响。

　　基于以上考虑，本章内容由两个部分构成：一是主流媒体转基因报道内容分析，以便了解官方、主流媒体转基因技术信息报道内容的特点，揭示出利益相关者的立场及其观点。二是转基因反对者借助网络平台发布的转基因技术相关信息内容分析，了解这些信息是否基于科学事实，是否会对公众造成误导。

4.1　主流媒体转基因报道对转基因水稻商业化发展的影响分析

　　这部分内容以2003—2014年国内主要报纸媒体作为研究对象，采用传播学的内容分析法，对2003年1月1日至2014年12月31日有关转基因技术及食品的新闻报道内容进行定量分析，了解报纸媒体如何通过选择和编辑新闻来建构转基因技术及食品的形象，以及对我国转基因水稻商业化发展产生的影响。

4.1.1　研究方法和样本采集

　　这部分内容将选择《人民日报》《科技日报》和《南方周末》三个国内主要的纸质媒体从2003年到2014年与转基因技术及食品有关的报道内容作为研究对象。选择这一时间段的主要原因是：第一，转基因相关议题报道最早出现时间为2003年。同时，2003年也是我国学者对消费者转基因食品态度进行较为全面研究的初期。中国科学院农村政策研究中心在这一年完成了我国5个省份11个城市消费者转基因食品态度的实地调查，获得了我国消费者对转基因食品接受态度的数据，并随后发表了一系列论文。第二，相继出现的"转基因大米领跑事件"（2005年）、农业部发放两个转基因水稻的安全生产证书（2009年）及2012年的黄金大米事件，引发了全国范围内的激烈争论。

　　选择《人民日报》《科技日报》和《南方周末》三份报纸作为研究对象，主要是考虑到这三份报纸均面向全国发行，发行量和受众面大，但针对性不尽相同，且均具有一定的代表性。《人民日报》是中国第一大报，是中国共产党中央委员会机关报。作为国家级的官方媒体，它能体现党和政府对转基因技术和食品的观点、立场和态度，并代表国内主流媒体的声音。同时它是国内发行量最大的党报，发行量和阅读量均较大。《科技日报》是富有鲜明科技特色的综合性日报，是面向国内外公开发行的中央主流新闻媒体，是党和国家在科技领域的重要舆论前沿，是广大读者依靠科技创造财富、提升文明、刷新生活的服务平台，是中国科技界面向社会、连接世界的明亮窗口。作为面向全国发行的都市类报纸，《南方周末》具有企业化自负盈亏的经营形式，官方色彩较弱。该报以直击社会新闻热点问题、客观真实报道著称，是国内发行量最大、公信力最高、影响最广泛的都市晚报。

根据以上设定的研究样本时间和研究媒体对象，利用中国知网中国重要报纸数据库以"转基因""Bt""黄金大米"作为关键词进行全文检索，获得分析样本 337 个，然后在已获得样本的基础上进行筛选，删除不是以"转基因""转基因技术"和"转基因食品"为主题的报道，最终获得有效样本335 个。其中《人民日报》中相关报道 71 个，《科技日报》244 个，《南方周末》20 个，将每一则新闻或者每一篇文章视为一个分析单位。

4.1.2 分类指标

通过查阅之前学者对转基因相关报道传播学研究的相关文献，结合新闻生产、传播的流程和规律，并把本文的目的和需要纳入考虑范围之内，将转基因技术及食品相关议题报道内容分析的类目建构设定为：报道议题内容、报道体裁、报道篇幅、报道立场、风险—利益评价、引用消息来源和意见呈现方式，具体说明如表 4 - 1 所示。

表 4 - 1　　　　　　　内容分析的类目建构说明

类目名称	类目内容
报道议题内容	转基因技术研发进展及最新研究成果；转基因抗虫棉的研发与应用；转基因技术及食品的安全性研究；转基因水稻安全性和商业化的争论；公众对转基因技术及食品的态度；转基因技术及食品的监管政策和法规；转基因安全监管问题事件；各国对转基因的态度及监管；科普知识；其他
报道体裁	消息/通讯；评论；深度报道；人物专访；科普知识；其他
报道篇幅	300 字以下；300 ~ 800 字；800 ~ 1500 字；1500 ~ 3000 字；3000 字；3000 字以上
报道立场	正面；中性；负面
风险—利益评价	风险；利益；风险利益均有；风险利益均无

类目名称	类目内容
引用消息来源	转基因专家；非转基因专家；产业界；政府相关部门及官员；非政府组织及成员；公众；媒体自采；研究机构
意见呈现方式	单方；多方未形成对话；多方形成对话

注：报道类型上，深度报道包括调查性报道、预测性报道和解释性报道等；报道立场上，正面指报道时持肯定、支持的态度，中性指报道时使用中性或正、负语气均有；负面包括忧虑、歧视、丑化、反对等。

4.1.3　国内报纸媒体转基因报道总体状况概括分析

如图 4 - 1 所示，2003 年 1 月 1 日至 2014 年 12 月 31 日国内主要报纸以"转基因"为主要议题的报道共 335 篇，平均每年报道 30 篇，媒体对转基因的关注已成常态，尤其是 2007 年，报道数量达到 36 篇，明显高于其他年份，占全部报道量的 10.7%。从时间维度上看，媒体对转基因的关注从 2003 年（28 篇）开始呈增加的趋势，2007 年（35 篇）达到一个小高峰，2008—2009年有所下降（19 篇），2009 年开始持续增加，2012 年达到 12 年来的最大值，2013 年开始又有所下降，2014 年回到 2009 年的水平（19 篇）。是什么原因造成了纸质媒体转基因相关报道数量的这种走势呢？

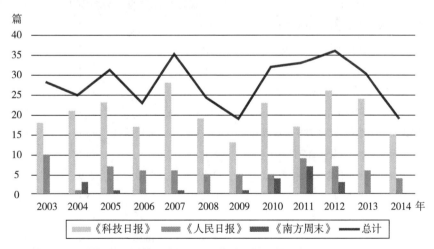

图 4 - 1　2003—2014 年国内主要纸质媒体转基因报道数量变化情况走势

我国纸质媒体关于转基因技术及食品的报道开始于 2003 年。伴随着转基因技术的不断发展和消费者对转基因技术及食品的日益关注，媒体有关转基因技术及食品的报道不断增加。备受争议的转基因水稻也于 2003 年提上了商业化议程，转基因主粮的商业化无疑成为社会各界关注的焦点，这也在一定程度上影响了媒体转基因相关报道的数量。2009 年底农业部为两个转基因水稻品种颁发了安全生产证书，表明转基因水稻向商业化生产又迈进了一步。媒体发布此消息后，社会各界广泛争论。转基因技术的支持者与反对者纷纷以媒体作为发声渠道，引起公众的关注和讨论。同时他们也期望借用媒体和公众对转基因的关注，以舆论的方式向政府施加压力，从而试图影响政府关于转基因水稻产业化的发展政策，以达到实现自己利益的目的。而从媒体的角度来说，关注社会争论热点，推动争论进一步公开化和透明化，是它们的使命。同时也是媒体获取关注度、提高发行量和阅读量的一个有效手段。媒体和各利益主体一起互动合作，共同促成了这一走势。

通过表 4 - 2 可以看出，2003—2014 年《人民日报》和《科技日报》有关转基因技术及食品的报道数量较多，分别占全部报道数量的 34.2% 和 54.1%。可能是因为科技类专业报纸的原因，《科技日报》的报道数量年均维持在 20 篇左右的水平上。三份报纸的报道数量趋势与总体趋势相同。

表 4 - 2　　　　三大报纸 2003—2014 年转基因报道内容细分说明　　　　单位:%

报道内容	《人民日报》	《科技日报》	《南方周末》	总体
转基因技术研发进展及最新研究成果	29.6	50.4	10.0	43.6
转基因抗虫棉的研发与应用	5.6	3.7	5.0	4.2
转基因技术及食品的安全性研究	0.0	4.5	0.0	3.3
转基因水稻安全性和商业化的争论	1.4	3.3	10.0	3.3
公众对转基因技术及食品的态度	14.1	19.7	20.0	18.5
转基因技术及食品的监管政策和法规	12.7	4.1	10.0	6.3
转基因安全监管问题事件	5.6	1.2	10.0	2.7
各国对转基因的态度及监管	2.8	9.0	5.0	7.5
科普知识	11.3	1.2	15.0	4.2
其他	16.9	2.9	15.0	6.6
合计	100	100	100	100

根据传播学的框架理论，将转基因报道所涉及的报道议题归纳为四类话题框架。

第一类为"进步与经济前景框架"，即媒体所关注的转基因技术研发新进展新成果及带来的巨大经济效益，如可食用的转基因奶牛、转基因水稻品种、转基因疫苗，转基因抗虫棉取得的社会效益、经济效益，全球转基因作物面积的不断增加等报道。媒体报道比较关注转基因技术的进步和转基因抗虫棉商业化带来的巨大效益，两者的报道比例占全部报道数的52.4%。可见媒体报道的关注点与我国政府重视并支持转基因技术发展的立场是一致的。

第二类为"争论框架"，即转基因技术及食品的安全性、商业化的争论话题，其中包括转基因水稻是否应该商业化的争论报道，也包括由此引发的支持者和反对者及社会公众对此的态度，这类报道的占比为26.4%。有关转基因水稻的争论2004年首次开始，伴随着2009年底转基因水稻安全生产证书的发放至2010年对其争论达到最高峰，2012年底中国疾病防控中心通报"黄金大米事件"引致2013年的再次争议高潮。转基因食品安全性和商业化的报道在这三年中分量最重，"争议框架"是这三年报道议题中的主体部分。

第三类为"政策和监管框架"，媒体报道中也对转基因安全问题、主粮商业化的决策过程及信息公开、政府的监管政策实施及国外的监管状况、转基因监管问题事件等有所关注，这几类报道的比例为21.1%。

第四类为"贸易争端框架"，国内报道主要涉及中国与美国、阿根廷的大豆进出口贸易，由于多种原因我国大豆产业遭遇了严重的生存危机，相关方均试图寻找解决之道。媒体的关注点在于进口大豆对我国大豆产业的冲击，以及各方对此窘境的应对策略，这类报道数量较少，仅有2篇，媒体主要传递的是我国的正面积极应对。国外报道主要涉及的是美欧的贸易摩擦，媒体报道的重点是分析欧盟拒绝进口转基因食品的多重原因，转基因食品的安全性仅是其中的一个原因（见表4-3）。

从时间维度上来看，近年来转基因技术研发情况的报道所占比例不断减少，从2008年的70.8%下降为2014年的26.3%。转基因安全监管政策的报道有所增加，2014年这类报道的比例达到26.3%，是2003年的7倍多。2004年、2010年和2013年公众对转基因食品的态度和转基因水稻商业化争议为最主要的两个议题，与这三年国内发生的转基因水稻商业化争议事件在时间点上是吻合的。

各类报纸的新闻报道议题侧重点不用。可能是因为专业性报纸的原因，《科技日报》一半以上的报道为转基因技术的研发及应用情况，《人民日报》的这类报道比例达到35.2%，这说明《人民日报》《科技日报》都把转基因

表 4 - 3　　　　2003—2014 年转基因报道内容细分说明

单位：%

报道内容	2003 年	2004 年	2005 年	2006 年	2007 年	2008 年	2009 年	2010 年	2011 年	2012 年	2013 年	2014 年
转基因技术研发进展及最新研究成果	50.0	40.0	48.4	52.2	62.9	70.8	68.4	34.4	27.3	27.8	26.7	26.3
转基因抗虫棉的研发与应用	7.1	4.0	12.9	4.3	2.9	0.0	0.0	9.4	3.0	0.0	3.3	0.0
转基因技术及食品的安全性研究	0.0	4.0	3.2	0.0	8.6	16.7	5.3	0.0	0.0	0.0	3.3	0.0
转基因水稻安全性和商业化的争论	3.6	4.0	6.5	0.0	2.9	0.0	15.8	6.3	0.0	0.0	3.3	0.0
公众对转基因技术及食品的态度	17.9	36.0	9.7	17.4	14.3	8.3	5.3	25.0	15.2	13.9	36.7	21.1
转基因技术及食品的监管政策和法规	3.6	4.0	6.5	8.7	0.0	0.0	0.0	9.4	9.1	8.3	3.3	26.3
转基因食品安全监管问题事件	3.6	0.0	3.2	4.3	0.0	0.0	0.0	3.1	0.0	11.1	0.0	5.3
各国对转基因的态度及监管	7.1	0.0	6.5	4.3	2.9	0.0	5.3	3.1	9.1	30.6	6.7	5.3
科普知识	0.0	0.0	0.0	0.0	2.9	0.0	0.0	6.3	21.2	2.8	10.0	0.0
其他	7.1	8.0	3.2	8.7	2.9	4.2	0.0	3.1	15.2	5.6	6.7	15.8
合计	100	100	100	100	100	100	100	100	100	100	100	100

技术的新进展和新成果作为重要的报道议题。而《南方周末》则把转基因技术引发的争议和安全监管事件作为报道的重点，这两类报道占全部报道量的40%，这与其读者人群的定位和报道宗旨相符。

从图4－2中可以看出，在全部335篇转基因相关报道中，各类体裁的转基因报道占全部报道的比例从多到少分别为消息/通讯（55.8%）、深度报道（29.3%）、评论（6.3%）、人物专访（5.4%）、科普知识（2.7%）。半数以上的新闻报道以消息/通讯的形式出现，是媒体报道的重中之重。近1/3的报道是深度报道（包括调查性报道、解释性报道等），且近几年深度报道的数量呈增加的趋势，说明媒体报道不是停留在简短消息传递的层面上，而是向深入探究性报道转变。另外需要着重指出的是，2009年之前媒体转基因科普信息的报道内容较少，有的直接以"链接""资料卡"的形式附在消息/通讯、评论、人物专访之后做简要介绍，而2010年以来媒体开始发挥其公共信息传递平台的作用，先后对转基因技术、我国转基因作物的研发情况和转基因食品安全知识进行了科普宣传，有利于公众客观、公正地了解转基因技术及食品，而不是旁门左道地危言耸听造成民众群体对转基因的"谈虎色变"，这是一个良好的开始。

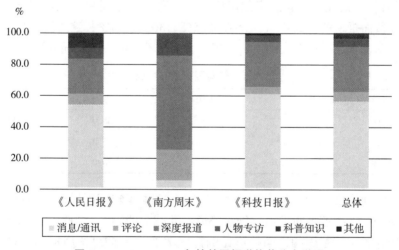

图4－2 2003—2014年转基因报道体裁分布说明

三份报纸分开来看，《人民日报》和《科技日报》的转基因报道以消息/通讯为主，分别占报道总量的55.3%和60.7%，《科技日报》注重专业性报道，深度报道的数量占全部报道数的28.7%。作为都市报的代表——《南方周末》，转基因新闻体裁以深度报道、人物专访和评论为主，这与其办报特色相符。报道篇幅上,《科技日报》1500 字以上的转基因报道比例为 23.8%,《南方周末》的比例为 85%。因《人民日报》为中央综合性媒体,800 字以上的报道即可被认为是重要报道,800 字以上的转基因报道占全部报道的 64.8%。由此也可以看出这三份报纸对转基因报道的不同定位。通过对三份报纸的内容进行阅读不难得出这样的结论:《人民日报》以传递最新转基因技术研发进展、坚定与鼓励转基因技术发展、澄清转基因事件和做好转基因的科普宣传工作为报道特色。《科技日报》充分扮演了其科技前沿传播角色,及时传递最新的转基因技术研发信息,自身观点型报道较少,是转基因科学家的重要发声渠道。《南方周末》切实从普罗大众的切身利益出发,先后就转基因主粮争议、转基因安全问题和消费者转基因食品态度等问题进行了深刻的调查剖析,这些报道可能较大程度上代表了公众对转基因的立场与态度。

由表 4-4 可以看出,在总体 335 篇转基因相关报道中正面报道 242 篇,占全部报道比例的 72.2%,中性报道 79 篇,占全部报道的 23.6%,负面报道的比例较小为 4.2%。正面报道是我国主要纸质媒体转基因报道的主流声音。三份报纸的报道立场不尽相同,《人民日报》和《科技日报》以正面报道为主,其中《人民日报》的正面报道比例为 87.3%,负面报道为 0,这与《人民日报》的党媒、官媒定位保持一致;而《南方周末》正面报道、中性报道和负面报道的占比相当,分别为 35%、30%、35%,这无疑是民众对转基因技术及食品普遍存在的质疑、担心、摇摆不定的心理状况的真实反映。

表 4-4 　　　　　　　　　三大报纸转基因报道立场说明　　　　　　　　单位:%

立场	总体	《人民日报》	《南方周末》	《科技日报》
正面	72.2	87.3	35.0	70.9
负面	4.2	0.0	35.0	2.9
中性	23.6	12.7	30.0	26.2

从时间维度上看(见图 4-3),2003—2014 年转基因报道立场总体呈正面报道和中性报道不断增加,负面报道不断减少的趋势。2003—2009 年三大报纸媒体关于转基因的正面报道比例持续增加,从 57.1% 增加到 2009 年的 89.5%,而 2010 年转基因报道的立场发生了较大的变化,正面报道比例下降为 68.8%,负面报道的比例从 2009 年的 5.3% 增加到 2010 年的 12.5%,这可能与 2009 年农业部颁发了两个水稻品种安全生产证书有关。2012 年转基因的正面报道比例再次降低,这可归咎于"黄金大米事件"继而引发的新一轮转基因技术和食品安全性的争论。2013 年以来,媒体正面报道的比例又有

所增加，2014 年达到 12 年来的最高值。

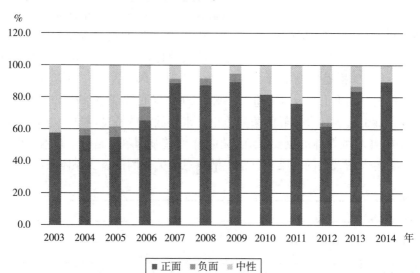

图 4 - 3　2003—2014 年转基因报道立场变化说明

从表 4 - 5 中可以看出，三大报纸转基因报道的风险—利益评价情况是只有风险（4.5%）、只有利益（51.0%）、风险利益均有（27.2%）、风险利益均未涉及（17.3%），说明利益报道在转基因报道中略占优势。三份报纸转基因报道的风险、利益评价表现出明显的差异性，《人民日报》和《科技日报》以利益报道为主，其比例分别为 54.9% 和 52.9%，且《人民日报》"只有风险"报道的比例为 0，《科技日报》的这一比例为 4.5%。《南方周末》"只有风险"的报道比例较高，占全部报道的 20%，而"只有利益"的报道比例仅占 15%。基于以上数据的对比分析不难看出三份报纸对转基因技术及食品的风险和利益评价存在较大的分歧，《人民日报》认为转基因技术及食品带来的利益远远大于风险，《科技日报》在肯定其利益的同时适当地提及了可能存在的风险，《南方周末》则认为风险大于利益。

表 4 - 5　　　2003—2014 年三大报纸转基因报道风险—利益情况说明　　　单位:%

属性	总体	《人民日报》	《南方周末》	《科技日报》
风险	4.5	0.0	20.0	4.5
利益	51.0	54.9	15.0	52.9
风险利益均有	27.2	19.7	45.0	27.9
风险利益均无	17.3	25.4	20.0	4.8

上述说明了三份报纸 2003—2014 年转基因报道的总体风险—利益评价分布情况，但在不同的时间段风险—利益评价又各不相同（见图 4 - 4）。不难发现，2007 年以前媒体转基因报道中"只有利益"的报道占较大比例，2007 年这一比例达到 77.1%，"只有风险"的报道比例在这一年为 0。而 2010 年"只有利益"的报道比例下降为 43.8%，"只有风险"和"风险利益均有"的报道数量分别上升为 9.4% 和 31.3%。2009 年底转基因水稻安全生产证书的发放无疑引起了社会各界的激烈争论，来势汹汹的转基因争论也就此铺开，成为 2010 年各大媒体的重要报道议题。虽然转基因争论是科学技术层面的问题，但它与人民大众的健康和日常生活息息相关，因而备受媒体关注。

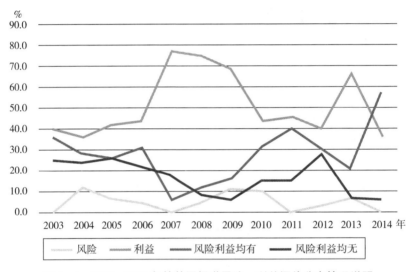

图 4 - 4 2003—2014 年转基因报道风险—利益评价分布情况说明

消息来源指新闻事实或新闻内容的提供者。从表 4 - 6 中可以看出，媒体自采是转基因报道的重要消息来源，占全部报道的 40.9%，转基因技术专家（31.9%）也是报道信息的重要提供者。三份报纸的消息来源也不相同。除媒体自采之外，政府部门及政府官员是《人民日报》主要的消息来源，占全部报道数的 32.4%，仅次于媒体自采（33.8%）。除转基因技术专家外，《南方周末》还比较注重引用非转基因技术的专家、学者、名人和非政府组织及成员的言论，这两类消息来源共占比 20%，此外《南方周末》也更关注公众和产业界对转基因技术及食品的态度。

表 4 – 6	三大报纸转基因报道消息来源情况说明		单位:%
	总体	《人民日报》	《南方周末》	《科技日报》
转基因技术专家	31.9	22.5	30.0	34.8
非转基因技术的专家、学者、名人	2.7	0.0	15.0	2.5
政府部门及政府官员	13.7	32.4	10.0	8.6
非政府组织及成员	1.2	0.0	5.0	1.2
公众	2.7	2.8	5.0	2.5
媒体自采	40.9	33.8	30.0	43.9
研究机构	4.5	7.0	0.0	4.1
产业界	2.4	1.4	5.0	2.5

总的来看，来自产业界的转基因报道很少，《人民日报》和《科技日报》对产业界的声音关注不够，引用比例明显低于《南方周末》。而且《南方周末》和《科技日报》均以非政府组织及成员的观点作为引用消息来源，而《人民日报》尚未以此类消息作为引用来源，且各个年份这一消息来源的报道比例均较低。有 5 个以上年份没有出现过"公众""产业界"和"非政府组织及成员"的声音，说明这些利益群体在国内主流媒体转基因报道中的声音还很弱（见图 4 – 5）。

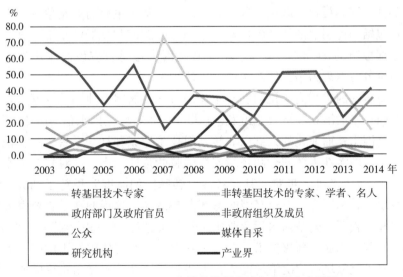

图 4 – 5　2003—2014 年转基因报道消息来源分布说明

4.1.4 国内报纸媒体转基因报道具体议题框架分析

了解国内主流报纸媒体如何建构转基因技术的形象和公众对转基因技术及食品的态度具有重要的意义。根据对已收集的报道内容的阅读和分析，可将三大主流报纸媒体转基因报道的话题框架分为四类，以下将在"主题框架"下分析转基因报道的内容。

（1）转基因技术研发进展和最新成果是媒体报道的主流

2003—2014年的全部报道中，关于转基因技术研发进展和最新成果的报道共146篇，占全部报道的47.6%，其中转基因抗虫棉的报道占4.2%。这些报道绝大多数以积极的态度肯定了转基因技术给人类带来的巨大社会效益和经济效益，比如转基因抗虫棉的广泛种植给棉农带来了切实的经济收益。媒体报道转基因棉花研究及产业化达到国际先进水平，直接推广5096万亩，实现经济效益达54.8亿元。媒体对这类议题的报道反映了国家和科研机构对转基因技术发展前景的期待与信心，也说明国家将继续支持和坚持发展转基因技术。

（2）转基因技术及食品安全性和商业化的争论：不同利益主体的利益博弈

转基因技术及食品安全性和商业化的争论是媒体转基因报道内容的重要组成部分。媒体报道中既包括各利益主体对转基因主粮商业化争论的事实报道，也包括由此引发的社会各界对这个问题的态度和立场的报道，这两类报道占全部报道的21.8%。其中，对于转基因水稻是否应该商业化生产的问题，争论各方据理力争，仁者见仁，智者见智。

支持转基因水稻商业化的利益主体以科学家居多，他们从国家粮食安全和转基因技术的潜在经济效益出发，积极主张推行转基因水稻的商业化种植。反对转基因水稻商业化的人群以非转基因技术专家和社会学者为主，他们从转基因技术的潜在人体安全和环境安全威胁的角度考虑，反对转基因水稻商业化。表4-7又进一步对"社会各界对转基因的态度"进行了细分，统计结果发现，转基因专家对转基因的态度占73.9%，这说明在是否要发展转基因技术和是否要对转基因水稻商业化这两个问题上，转基因专家具有发言权。因为转基因技术属于新兴技术，普通民众和非专业群体因知识的缺失欠缺参与科学密集型领域政府决策的能力，无法胜任协助政府做出正确的或者好的决策。而非转基因技术的专家在公开场合甚至"上书"全国人大反对转基因，但他们所属的学科背景造成他们对转基因技术缺乏了解，其言论缺乏科学依据。在非转基因技术学者和名人群体里，对转基因持负面立场的比例为25%，而普通民众对转基因的态度则全部为中性。

针对是否要发展转基因技术和是否要对转基因水稻商业化这两个问题，转基因技术专家理应最有话语权。但根据以上分析发现，在转基因水稻的安全性和商业化问题上即使在转基因专家内部也有不同的声音。从表4-7中可以看出，有1/3的转基因专家持中性立场，有一半的非转基因技术专家、学者对转基因技术持正面支持态度。

表4-7　　　　　　社会各界对转基因的态度细分说明　　　　　　单位:%

类别	总体占比	正面立场	负面立场	中性立场
转基因专家	73.9	62.9	1.8	33.3
非转基因技术的专家、学者、名人	5.5	50	25	25
政府部门及政府官员	8.2	50	0	50
普通民众	6.8	0	0	100
其他	5.5	50	50	0

（3）转基因技术及食品的安全监管议题

媒体对政府部门的转基因安全监管政策、法规和监管措施等方面也给予了相应的关注。对政府监管的报道并不局限于我国政府，也包括外国的政府机构，但还是以我国政府的监管报道居多。媒体报道以公众质疑较多的转基因主粮安全问题、政府监管漏洞和执行不力及决策信息不公开不透明为报道重点。这一方面造成政府在转基因主粮商业化问题上出现公众信任危机，另一方面，政府面对强大的舆论压力，不得不就此做出回应。根据对相应报道的分析发现，政府的回应主要是对虚假事实的澄清和政策的宣传，始终处于被动反应的状态。如《"黄金大米试验"疑云调查》《湖南省农业厅从未批准转基因大米试验》《我国并未商业化生产转基因主粮》[1] 等新闻事件，均是在事后迫于舆论的压力才以公开的方式做出答复。

造成政府两难窘境的根源是人类有限的认知难以预测科学技术可能存在的潜在风险。科学技术是不断探索的过程，科研过程的复杂性及科技成果应用的不确定性致使政府陷入了左右为难的境地。如果政府指出了转基因技术存在的一系列潜在风险，结果在实际应用中没有发生，人们会说政府故意制

---

[1]　三篇报道分别刊登在《人民日报》2012年9月5日第004版、2012年9月6日第004版和2014年3月5日第004版。

造恐慌情绪；相反，如果政府没有指出转基因技术存在的风险，人们又会说政府故意隐瞒事实真相，而政府的这种两难处境很难化解，因为问题的关键是至今尚无法预知转基因技术面临的风险有多大。

媒体对政府的转基因发展、监管政策和监管法规也比较关注，再加上转基因安全监管议题（包括我国转基因安全监管和外国转基因安全监管），占全部报道的近40%。从长远看，随着转基因技术研发的不断进行，合理的政策能对技术的发展起到正确的指引作用，而安全监管的有力推进则是技术发展的有力保障。

（4）转基因贸易议题

转基因贸易议题的报道主要围绕"转基因大豆进口对我国大豆产业的影响"和"欧盟、美国转基因贸易摩擦"两个话题展开。"转基因大豆进口对我国大豆产业的影响"方面，媒体关注的重点主要是转基因大豆对我国大豆产业的冲击、产生的负面影响两个方面，也有对专家提供的合理化建议和豆农的适应性反应的报道。1996年之前我国是大豆的主产国和出口大国，但是由于近年来大豆需求不断增加，供需缺口持续加大，再加上美国转基因大豆低价格倾销，我国从大豆的出口国转变为净进口国。据报道中提供的数据，2012年我国大豆产量不足1000万吨，而进口大豆接近6000万吨，美国转基因大豆占领了我国大豆市场的80%。报道中传递出在国际贸易竞争中我国大豆产业面临的危机，以及利益主体的担忧，不少支持转基因技术发展的报道中也多次提到我国应加快转基因水稻、玉米的研发，以防陷入类似转基因大豆的窘境。媒体对此议题的报道目的是希望引起政府和相关利益主体的持续关注，进而为拯救我国大豆产业找到最优解决办法。

关于"欧盟、美国转基因贸易摩擦"媒体主要跟踪报道欧盟与美国就转基因食品展开的贸易战、两国政府的反应和国际组织的裁决等。同时报道中也点出欧盟拒绝进口美国转基因食品的两点考虑，一是贸易保护；二是食品安全。欧盟对转基因食品的可追溯管理政策值得我国在转基因食品安全监管中借鉴。

总的来看，三大报纸媒体转基因报道中关注最多的是转基因技术的研发进展（47.8%）、公众对转基因技术及食品的态度（21.8%）、转基因安全监管（16.5%），对转基因食品的安全性研究和科普知识两类话题媒体关注得较少，两类加起来仅占全部报道数量的8.5%。媒体对各类议题的关注程度可以反映出媒体的态度。媒体正是通过对报道议题、报道语气的选择，利用不同的遣词造句方式强调并塑造一个由记者、编辑加工、改造过的转基因形象，可能这并不是转基因本来的真实面目。

4.1.5　小结

通过对 2003 年 1 月 1 日至 2014 年 12 月 31 日《人民日报》《科技日报》和《南方周末》三份报纸刊登的 335 篇转基因报道的深入剖析，得出了以下三个结论：

第一，转基因知识宣传刚刚起步，科普宣传力度不足。根据上文的统计结果，三份报纸对转基因科普知识的报道有限，仅占全部报道量的 4.2%。其中，《人民日报》和《南方周末》的科普知识报道比例较高，但也只占比 10%，而且作为科技宣传前沿阵地，《科技日报》的科普知识报道占比仅为 1.2%，说明《科技日报》尚未意识到科普宣传的重要性，因而忽视了转基因科普宣传工作。转基因的科普宣传力度不够势必影响公众对转基因技术的了解，从而致使认知水平较低。

第二，媒体报道中缺乏来自公众、非政府组织和产业界的声音。转基因技术的研发，转基因产品的商业化、安全监管和贸易问题牵涉多个利益主体，各利益相关主体都有发言权。但从统计结果发现，在转基因问题上来自公众、非政府组织和产业界的声音较少。媒体引用的消息来源中，来自公众、非政府组织和产业界的比率分别仅为 2.7%、1.2% 和 2.4%。在 12 个年份的分析报道中，有 5 个以上年份没有出现过来自公众、产业界或非政府组织的声音。利益相关方的边缘化甚至缺席不利于政府决策的民主化制定与执行。每一种转基因食品的上市均与每一位公民的直接利益紧密相连。公众虽然不是科学家，但有权参与公开的讨论，做出自己的消费选择。

第三，党报和都市报转基因报道的立场态度差异明显。《人民日报》和《科技日报》的转基因报道呈现出我国政府发展转基因技术的坚定决心。但 2004 年之后，随着转基因争议事件的不断发生，党媒没有及时跟进，没有及时呈现出转基因技术可能面临的风险和收益，没有及时客观地报道转基因安全监管中存在的问题与缺陷，依然坚持传播转基因技术的正面形象。而此时以《南方周末》为代表的都市报开始进行转基因技术及食品的负面报道。造成的局面是一方说转基因好处多，另一方却屡说转基因存在风险。两类媒体非平衡的报道立场容易造成公众的认知混乱，不利于公众做出理性的判断和购买决策。

4.2 非政府组织（个人）媒体信息对转基因水稻商业化发展的影响分析

4.2.1 绿色和平组织

2004 年以来，绿色和平组织积极参与转基因水稻发展的讨论，在转基因水稻的发展中扮演着不可或缺的重要角色。正是基于此考虑，本文将对 2004 年以来绿色和平组织通过其官方网站（www. greenpeace. org. cn）发布的转基因食品（包括转基因水稻）相关言论进行内容分析，分析这些信息是否基于科学事实，是否会对公众造成误导。

通过对绿色和平网站以"转基因"作为关键词进行搜索，获取相关文章 5 篇，具体如表 4 - 8 所示，以下将对各报道言论进行逐个说明。

表 4 - 8 绿色和平组织转基因言论列表

发布日期	标题
2010 年 2 月	中国九地区流通领域转基因稻米、米制品及转基因稻种调查报告
2012 年	双重风险下的中国转基因水稻研究
2014 年 5 月 13 日	转基因水稻非法流通十年难禁
2015 年 5 月 11 日	雀巢、品客、维维等食品被检出含转基因成分但包装无相关标识
2015 年 7 月 6 日	2015 超市转基因食品草甘膦残留检测报告

资料来源：绿色和平官方网站，www. greenpeace. org. cn。

2004—2006 年，绿色和平组织曾发现转基因水稻种子在湖北违法售卖和种植。2005—2007 年，在国内农贸市场和超市曾发现转基因大米的销售。2009 年 7 月至 2010 年 2 月，绿色和平组织在安徽、福建、湖北、湖南、江西等九个地区采取大米和米粉样本并送至独立第三方检测机构进行转基因成分检测，并以此次调查作为素材发布了《中国九地区流通领域转基因稻米、米制品及转基因稻种调查报告》。该报告以 80 个大米和米粉样本（包括 43 个大米样本和 37 个米粉样本）中有 7 个大米和米粉样本含有转基因成分，其中 2 个样本含有华中农业大学研发的 Bt63 基因展开论述。并于 2010 年 3 月暗访湖北、湖南等 8 个地区的种子市场，检测出 3 批转基因水稻种子，而且这三批种子均含有 Bt63 基因。绿色和平组织以这两次调研的结果指出，我国转基因水稻的安全监管工作存在着不到位问题，导致违法售卖和违法种植转基因水稻品种问题。绿色和平组织还从转基因作物的安全风险和田间生产长期后果两个方面说明了转基因水稻的危险。

2012 年,绿色和平组织对转基因水稻面临的科研风险和食品抽样两个方面做了调查,发布了《双重风险下的中国转基因水稻研究》。该报告认为我国转基因水稻无法实现知识产权的独立,一旦商业化种植转基因水稻,粮食主权将面临潜在风险。非法种植和流通情况仍然存在,暴露出安全监管不力的问题,同时造成了不可逆的基因污染,损害了消费者的知情权,食品安全存在潜在风险,导致了我国大米出口困境。

2014 年 5 月 13 日,绿色和平组织发表调查报告《转基因水稻非法流通十年难禁》。这份调查报告对非法制种、销售、种植和流入市场情况进行了详细的说明,并直指华中农业大学及其研发的 Bt63 水稻是造成非法种植的重要源头。2015 年 5 月 11 日,绿色和平组织发布《雀巢、品客、维维等食品被检出含转基因成分但包装无相关标识》,呼吁我国政府加强转基因食品的标识监管,做到转基因信息公开,为公众争取知情权。2015 年 7 月 6 日,绿色和平组织发布《2015 超市转基因食品草甘膦残留检测报告》。该报告称在北京、上海、广州三地大型超市采集的未标有"转基因"字样的 13 个经过10 道工序深加工的食品样品中仍有 5 个检出草甘膦残留,其中 4 个为进口产品。世界卫生组织已证实草甘膦可以增加人类患癌的风险,并将草甘膦视为"很可能致癌物"。借此,绿色和平组织呼吁制定进口转基因大豆的草甘膦残留标准。

基于对转基因食品食用安全的担心和保护消费者知情权,绿色和平组织于 2010 年发布了《避免转基因食品指南》。这个指南对各类食品是否含转基因成分分别以绿色名单、红色名单和黄色名单区别划分。2015 年 5 月 13 日,绿色和平组织发布了我国第一款超市食品转基因成分自检手机 APP——"转基因侦探"。消费者只要输入食品名称就可获知该食品是否含有转基因成分。

客观地说,绿色和平组织采取的一系列行动和发布的报告揭露出我国转基因水稻安全监管中确实存在的监管不严、信息公开欠缺等问题。绿色和平组织的及时报道在一定程度上有利于完善我国转基因水稻及食品安全监管工作。但是,绿色和平组织在整个转基因水稻报道中也存在一些误导消费者问题:其一,基因专利问题。目前我国政府审批通过获得安全生产证书的转基因水稻具有自主知识产权。虽然孟山都公司对 Cry1Ab 基因申请了专利并及时对其进行专利保护,但是获得安全生产证书的两个转基因水稻品系所含的抗虫基因是 Bt63 和 Cry1Ac,并且华中农业大学对这两个抗虫基因拥有自主知识产权。因此，未来对转基因水稻进行商业化种植不会威胁到我国长期的粮食安全和粮食主权。其二，转基因水稻的食用和环境安全问题。转基因水稻在获得生产证书之前均已做过多阶段的食用和环境安全评价，一般意义上讲存在食用和环境风险的可能性已经很小。而绿色和平组织在报道中夸大了发生概率较小的风险。另外，绿色和平组织发布的《避免转基因食品指南》，有意把转基因食品和普通食品区别开来，这可能会造成消费者对转基因食品的歧视和群体恐慌，不利于转基因水稻商业化的发展。

4.2.2 社会公知人物

某著名主持人一直以来都很关注我国转基因作物的发展方向，他多次对话转基因支持者，发表反对转基因的言论。最引人注目的行动是他于 2013 年亲自奔赴美国考察转基因食品的情况，并借助网络发布其拍摄的纪录片《小×考察转基因》。这个纪录片一经发布，点击率急速上升，一时间引起了公众对转基因更进一步的讨论。在这部长达一个小时的纪录片中，该主持人一行通过人物访谈、实地调查等方式，在自身观点的基础上，记录了美国转基因食品的发展现状和公众对转基因食品的态度。

公众人物能够积极主动地参与探讨转基因作物的发展，对我国转基因技术及作物的发展是有益的。然而，这部纪录片存在着较多的漏洞和偏颇，没有客观完整地呈现美国转基因作物及食品发展的真实面貌。这无疑会对转基因知之甚少的我国社会公众造成误导。《小×考察转基因》存在的问题如下：一是样本选择的片面性。统计学的理论告诉我们，抽样的样本量越大、随机性越强越能反映样本总体的分布规律；反之则不具有代表性。而纪录片中，该主持人在某超市的采购则完全是典型的反面教材。他只在一家超市采购，且仅购买了一件玉米制品和五件豆制品，这不能保证随机性。只在一家超市取样，不能代表美国超市的广泛情况，何况美国存在只销售非转基因食品的有机超市。购买的食品种类过少，且不能保证挑选的商品经受了有意的筛选。即使是转基因食品和非转基因食品均有销售的超市，非转基因食品也会进行明显的标识，这会对商品选择产生影响。如果想进行客观公正的调查，就应该采用随机取样以保证获取的样本不受影响。对消费者的采访也存在样本偏差，主要体现在样本量过小和样本人群单一（受访者以家庭主妇为主），不具有完全的代表性。

二是相关性与因果性关系混淆。即便有了大样本量和随机抽查的取样结果，其结论也未必可靠。在很多统计学的问题中会出现相关性的数据，但具有相关性的两组数据是否存在因果关系需要进一步探讨。纪录片中请出一名美国海军的高级数据分析师南茜·斯万森教授，试图利用数据证明草甘膦和疾病的相关性。她声称草甘膦的施用量和一些疾病存在显著的正相关关系，暗示草甘膦是造成这些疾病的原因，但是有相关关系并不代表因果关系。我们通过南茜·斯万森教授发表在 examiner.com 上的报告原文发现，根据她的计算，草甘膦和大多数疾病的相关系数都在 0.9 以上。一个变量如果能够引起多个变量的改变，难免会让人怀疑其相关性计算是否存在不妥之处。南茜·斯万森教授使用的相关系数计算方法是皮尔逊相关系数，该算法体现的是两组数据的变化幅度，即如果两组数据均以接近的比率增长，那么计算出来的相关系数就比较高。事实上，对于高相关性的数据，我们应该做的是发掘其背后可能存在的真实联系。疾病发病率的增加可能与检测技术的进步、人口老龄化程度的提高等有关。然后再确定草甘膦的施用量是否会直接导致这一现象的发生，这样才能确定两者之间是否真正存在因果性。

三是草甘膦不等于转基因。该纪录片中多次提到草甘膦与转基因作物的食品安全性问题。比如麻省理工学院教授沙姆索和塞内夫的研究结论，即草甘膦对人体健康有不利的影响。但事实上能证明这一结论的证据极少，且论证方式以相关性替代因果性。同时值得注意的是，这两位科研人员并没有生物学背景，其研究结论不得不让我们提出质疑。

四是受访者的结论仅依赖自身主观判断。纪录片中受访者有如下几个言论："因为 Bt 蛋白能够杀死害虫，则认为其对人体有害""选择食用有机食品后肿瘤消失，感觉身体健康了""鸟选择食用非转基因玉米，则认为转基因玉米有害"。事实确实如此吗？以上现象可能的解释是：昆虫消化器官构造和环境是截然不同的，Bt 蛋白能杀死昆虫却未必对人体有害；鸟可能偏爱含水量较高的普通玉米而不是脱水性较强的转基因玉米。对普通人来说，得出的结论依靠的是个人的经验，但个人经验带有个人主观因素且存在个例现象，缺乏良好的实验设计和数据统计，不能作为科学事实的证据。比如纪录片中有人声称吃了一两个月的有机食品就感觉自己的身体更健康了，即使这一现象成立也不能证明转基因食品有害人体健康。

这部纪录片，从宣传的角度来看是成功的，而从科学的角度来说却是失败的。受访者的选择、所表述的观点和论述的科学性都是经不起推敲的。一个好的调查，需要在采访形式、采访对象的选择上进行科学、合理的设计，并对获得的数据使用正确的方法并进行科学的分析。而这部纪录片，调查取样的偏向性使其得出的结论的客观性令人质疑，甚至可能会对科学知识匮乏的普通消费者造成误导，无法让人们科学地认识转基因。

4.2.3 小结

绿色和平组织和某著名主持人借助媒体传播渠道发布的代表其自身观点的言论和视频资料从两个不同的方面向国内公众传递了转基因的相关信息。客观地说，非政府组织及个人能够积极参与探讨转基因问题从某种意义上说，有利于我国转基因水稻商业化的健康、规范有序发展。绿色和平组织指出我国政府转基因生物安全监管中存在的漏洞和信息公开欠缺，从某种程度上来说对敦促相关部门加强转基因生物安全监管工作的完善是有益的。但是，以绿色和平组织和某著名主持人为代表的非政府组织和个人发表的言论在某种程度上有一定的偏见性，可能会对消费者造成误导。这些言论的发布也引起了国内对转基因的进一步争议。事情的真相总是越辩越明的。如何应对反对转基因的组织和个人的利益诉求，保证产业的良性发展，值得下一步认真思考。

4.3 小结

通过以上对媒体转基因报道信息的分析，得出以下几点结论：

第一，主流媒体转基因科普宣传力度不够，非政府组织和个人转基因言论虚实掺杂，造成公众转基因认知混乱，不利于转基因水稻的商业化发展。从本章第一部分的分析发现，主流报纸转基因科普报道的数量有限，这在一定程度上造成公众对转基因技术缺乏了解，不具备科学、客观的判定能力。然而，非政府组织及个人的一些反转基因言论先入为主，势必会在公众中制造转基因恐惧、抵触情绪，不利于转基因水稻的商业化发展。

第二，相关责任单位及个人未能及时有力地答复转基因安全事件、反驳转基因不实言论，造成负面信息顺势蔓延，不利于转基因水稻的商业化发展。分析发现，政府对转基因安全事件和不实言论的回应始终处于被动反应状态。大多数情况下都是媒体将政府转基因生物安全监管漏洞及执行不力、决策信息不公开不透明等情况曝光后，政府迫于舆论压力才不得不做出回应。此时这些信息已经迅速扩散，并在公众中造成负面影响，甚至危及政府信任，不利于转基因水稻的商业化发展。

第三，媒体报道中公众、产业界和科学家的话语缺位，不利于转基因水稻商业化发展决策的民主化制定和执行。转基因水稻的商业化问题牵涉多个利益主体，各利益主体都有发表自身言论的权利。而分析发现，报道中缺乏来自公众、产业界和科学家的声音。利益主体边缘化甚至缺席不利于政治决策的民主化制定和执行。各利益主体均应积极参与到转基因水稻商业化发展的探讨中来，以促进其积极、健康、规范、有序的发展。

第五章 消费者对转基因大米的接受意愿分析

作为转基因水稻最关键的利益相关主体，消费者对转基因大米的态度决定了我国转基因水稻商业化是否能够实施以及实施进程。本章基于2013年7—8月由中国农业大学经济管理学院与美国阿肯色大学农业经济系合作开展的《中国城市消费者对转基因大米的消费意愿调查》数据，采用描述性统计分析和计量经济学模型相结合的方法，实证分析消费者态度对转基因水稻商业化发展的影响。

本章的构架如下：第一部分介绍样本设计和数据收集情况，第二部分描述性分析消费者对转基因技术及食品的认知情况，第三部分实证分析消费者对转基因食品的接受程度，第四部分估计消费者对转基因大米的支付意愿，第五部分给出研究结论。

5.1 调查设计和样本

5.1.1 调查样本的选取

本次调查的样本为单个消费者，样本主要从以大米为主食的城镇地区选取。数据收集工作由聘用的中国农业大学学生调查员承担，通过对其亲戚、朋友或者邻居面对面的访问进行调查。

5.1.2 调查内容

该调查问卷由以下五个部分构成：第一部分，基本情况。包括被调查对象的人口特征（如性别、年龄、受教育程度、居住地、从业状况等）、家庭人口数、家庭月均收入、消费及购买大米的频率以及储存大米的数量。第二部分，认识水平。包括被调查对象对转基因技术和食品的客观知识水平、对转基因食品和转基因大米的主观认知水平以及被调查对象了解食品知识与信息的渠道。第三部分，基本态度。主要考察被调查对象对转基因大豆加工的豆油、用转基因玉米饲料喂养的畜产品、抗病虫害的转基因大米以及改善营养的转基因大米的接受程度。第四部分，支付意愿。采用双边界二分选择法（Double-bounded Dichotomous Choice），了解不同转基因水稻信息对消费者对转基因大米支付意愿的影响。另外，为了了解和消除条件估值法的"假想偏差"（Hypothetical Bias），该部分还设置了"友情提示"（Cheap Talk）的内容。第五部分，信息接收情况。通过设置3个"对/错"提问，考察被调查对象对第四部分所述信息的接收情况。其中，问卷的前三个部分内容与黄季焜等（2006）采用的中国科学院农业政策研究中心2002—2003年调查内容基本一致。

调查问卷的前三部分主要是为了了解目前消费者对转基因技术的认知水平和对不同种类转基因食品的基本态度，为第四部分的研究提供基础信息。第四部分为此次调查的重点，即利用实验经济学的条件估值法，测算消费者对转基因大米的支付意愿，估计不同类型的转基因大米信息对消费者支付意愿的影响。调查问卷第四部分包含以下内容：

（1）信息部分

所有的被调查对象都被告知了转基因大米的基本概念，使他们了解什么是转基因大米。本次调查的目标之一是了解改善环境的转基因大米、改善营养的转基因大米以及改善环境与营养的转基因大米信息对消费者的影响，因此包含了四类信息。

①基准信息：转基因水稻是利用现代基因技术将特定的基因片段植入到普通水稻的基因序列中而形成的新品种水稻，该品种水稻会在性状或营养品质方面发生改变。

②环境信息（即改善环境的转基因大米信息）：该转基因水稻是利用现代基因技术将特定的基因片段植入到普通水稻的基因序列中，使改造后的新品种具有抗虫的性质。该转基因大米的优点为：能够减少40%～60%的农药施用量，为种植者节约9个工作日的农药喷洒时间，并且具有增加产量的潜在能力；改善了由于农药施用而造成的水污染和土壤肥力退化的问题，缓解了生产与环境生态问题之间的矛盾；减少了种植者由于农药喷洒而造成的农药中毒的比率以及环境伤害。转基因大米的缺点为：不排除转基因水稻会通过杂交的方式将植入基因转移给其他普通水稻的可能性，转基因水稻的大面积种植可能会导致该可能性达到0～0.05%；由于病虫害的自我更新换代较快，不排除植入基因无法抵抗变异病虫害的可能；目标基因能够帮助转基因水稻抵抗病虫害，但不排除其也会作用于非目标生物乃至于益虫。

③营养信息（即改善营养的转基因大米信息）：该转基因水稻是利用现代基因技术将特定的基因片段植入普通水稻的基因序列中，使新品种转基因水稻富含胡萝卜β素，从而促进维生素A在人体内的合成与吸收，由于该品种水稻去壳后呈金黄色，所以又被人称为"黄金大米"。转基因大米的优点为：食用此大米可将人体对维生素A的摄取量提高至8%；食用此大米可以提高孕期和哺乳期妇女的免疫力，并预防由于维生素A缺乏所导致的儿童夜盲症；食用改善营养的转基因大米可以帮助贫困人群平衡营养摄取，并促进以大米为主食的人群的健康。转基因大米的缺点为：食用转基因大米可能会导致概率微小的过敏或中毒现象；不排除转基因水稻会通过杂交的方式将植入基因转移给其他普通水稻的可能性，转基因水稻的大面积种植可能会导致该可能性达到0~0.05%；由于转基因技术的应用，转基因水稻在后代繁殖过程中可能会产生基因序列重组的现象并导致变异风险。

④联合信息（即改善环境与营养的转基因大米信息）：环境信息和营养信息的叠加，不再赘述。

（2）友情提示部分

相关研究表明，基于条件估值法取得的消费者支付意愿明显高于消费者实际的支付额，即基于条件估值法取得的数据存在着"假想偏差"问题。借鉴相关研究的"友情提示"内容，本调查问卷设计了相应的"友情提示"信息。

友情提示：我们随后开始的问卷内容属于消费意愿性质，也就是说，被调查者不必对自己的购买意愿真的付钱。这类调查容易产生消费者意愿购买行为与实际购买行为不一致的情况。一项有关消费意愿的研究结果显示，80%的被调查者表示他们会购买某食品，但当把这种食品真的摆在超市货架上的时候，却只有43%的被调查者实际购买了这种食品。为了避免出现这类现象，请您在回答下面的转基因大米消费意愿问题时，想象您正在超市购买大米，"如果我决定购买转基因大米，那么我必须付钱！"

（3）支付意愿部分

转基因水稻信息和友情提示信息之后，设置双边界二分选择提问，以普通大米为参照系，来确定调查对象对转基因大米的接受程度和支付意愿。所有调查对象均首先回答以下提问："如果您购买大米时有两种选择：一种大米是普通非转基因大米，另一种是转基因大米。在其他条件相同的情况下，如果两种大米的售价均为5元/公斤，您会买哪种？"如果调查对象选择购买普通大米，则其必须回答起始价格低于5元的双边界二分选择提问，即"如果转基因大米价格为 P_1 （小于 5 元）时是否购买转基因大米?",如果调查对象回答"是",则其须回答"如果转基因大米价格为 P^h 时是否购买转基因大米?",此时的转基因大米价格 P^h 高于 P_1；如果该调查对象回答"否",则其须回答"如果转基因大米价格为 P^l 时是否购买转基因大米?",此时的转基因大米价格 P^l 低于 P_1。如果调查对象选择购买转基因大米或者转基因大米和普通大米皆可,则其必须回答起始价格高于 5 元的双边界二分选择提问,即"如果转基因大米价格为 P_2 （大于 5 元）时是否购买转基因大米?",如果调查对象回答"是",则其须回答"如果转基因大米价格为 P^h 时是否购买转基因大米?",此时的转基因大米价格 P^h 高于 P_2；如果该调查对象回答"否",则其须选择"如果转基因大米价格为 P^l 时是否购买转基因大米?",此时的转基因大米价格 P^l 低于 P_2。具体的提问形式如图 5 – 1 所示。

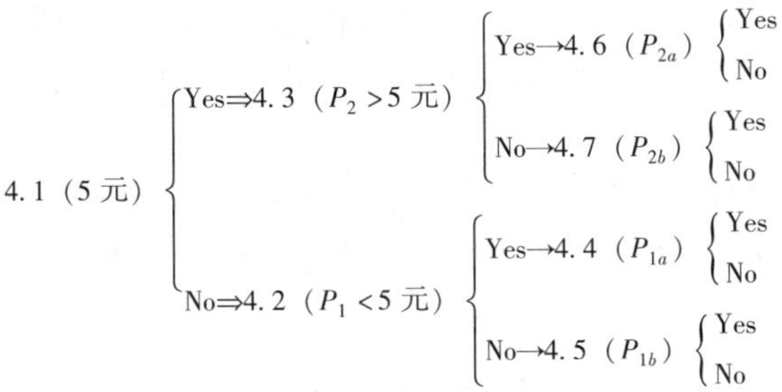

图 5 – 1 双边界二分选择式

图 5 – 1 表示,假设 4.2 的起始价格用 P_1 表示,如果受访者说"Yes"则需要回答 4.4,其价格为 P_{1a} 且 $P_{1a} > P_1$；如果受访者说"No"则需要回答 4.5,其价格为 P_{1b} 且 $P_{1b} < P_1$。假设 4.3 的起始价格用 P_2 表示,如果受访者说"Yes"则需要回答 4.6,其价格为 P_{2a} 且 $P_{2a} > P_2$；如果受访者说"No"则需要回答 4.7,其价格为 P_{2b} 且 $P_{2b} < P_2$。

根据问卷的信息类型（无信息、营养信息、环境信息、营养信息 + 环境信息）、顺序（先优点后缺点、先缺点后优点）及有无"友情提示"的校准方法,可以设计出如下 14 种不同类型的信息问卷。

第一种（基准问卷）：基准问卷内容；

第二种（基准问卷）：基准问卷内容 + "友情提示"内容；

第三种（营养信息问卷）：基准问卷内容 + 营养信息正序内容；

第四种（营养信息问卷）：基准问卷内容 + 营养信息正序内容 + "友情提示"内容；

第五种（营养信息问卷）：基准问卷内容 + 营养信息倒序内容；

第六种（营养信息问卷）：基准问卷内容＋营养信息倒序内容＋"友情提示"内容；

第七种（环境信息问卷）：基准问卷内容＋环境信息正序内容；

第八种（环境信息问卷）：基准问卷内容＋环境信息正序内容＋"友情提示"内容；

第九种（环境信息问卷）：基准问卷内容＋环境信息倒序内容；

第十种（环境信息问卷）：基准问卷内容＋环境信息倒序内容＋"友情提示"内容；

第十一种（联合信息问卷）：基准问卷内容＋联合信息正序内容；

第十二种（联合信息问卷）：基准问卷内容＋联合信息正序内容＋"友情提示"内容；

第十三种（联合信息问卷）：基准问卷内容＋联合信息倒序内容；

第十四种（联合信息问卷）：基准问卷内容＋联合信息倒序内容＋"友情提示"内容。

为了规避封闭两分式选择问卷存在的起始值偏差（Starting Point Bias），针对转基因大米的价格，实验设计了 10 组不同的价格组合（见表 5-1）。这样共设计了 140 套问卷。

表 5-1　　　　　　　　　　不同价格体系分布表

	1	2	3	4	5	6	7	8	9	10
初始值	5	5	5	5	5	5	5	5	5	5
次高投标值	5.25	5.5	5.75	6	6.25	6.5	6.75	7	7.25	7.5
高高投标值	5.5	6	6.5	7	7.5	8	8.5	8	9.5	10
高低投标值	5.125	5.25	5.375	5.5	5.625	5.75	5.875	6	6.125	6.25
次低投标值	4.75	4.5	4.25	4	3.75	3.5	3.25	3	2.75	2.5
低高投标值	4.875	4.75	4.625	4.5	4.375	4.25	4.125	4	3.875	3.75
低低投标值	4.5	4	3.5	3	2.5	2	1.5	1	0.5	0

5.1.3　调查的组织与实施

本次问卷调查工作由招聘的 35 名暑期返乡大学生承担，调查时间为 2013 年 7—8 月，调查区域涵盖了北京、上海、江苏、浙江、安徽、福建、江西、河南、湖北、湖南、广东、广西、重庆、四川、云南 15 个省份，共 48 个城镇，均是以大米为主食的地区。为了确保附有不同信息和标价的问卷在调查地域内的均匀分布，每个调查员负责的问卷均由不同类型的问卷构成。

为了保证调查质量，所有调查员均参加了专门培训，并领取了包括如何填报调查表、如何询问以及访谈应注意事项等内容的调查指导手册。对调查员的培训分为两步：第一步，面授培训。按照预先编写好的培训材料，对调查的方式、要求进行说明，对调查表的问题逐一讲解，并对调查员的疑问进行解答。第二步，调查员两人一组进行模拟调查，完成调查问卷。培训人员在一旁指导，检查调查过程及已完成问卷，发现问题并纠正。组织者在培训中多次强调被调查对象在选择是否购买转基因大米及购买转基因大米的最大支付意愿完全基于自身的认识水平和信息接收情况，应尽量避免调查员主观态度对被调查对象所做决策的干扰。调查员在正式调查过程中遇到问题有专人进行解答。另外，我们发放给每名调查员明显高于一般调查活动的劳务费以充分调动调查员的工作积极性、增强调查员的工作责任心。调查培训材料见附录四。

调查过程中，调查组织者还通过电话和电子邮箱督察和指导调查工作。具体来说，调查监督工作体现在四个方面：一是签订具有法律效力的委托调研合同，使调查员认识到工作的严肃性，认真完成调查问卷。二是调查员完成每份调查问卷后，需请被调查对象自己抄写调查表封面上的被调查人编号，避免调查员一人伪造完成多份调查表的情况发生。三是在调查实施过程中进行追踪。调查进行的15天中，调查组织者先后三次以短信方式询问调查员在调查过程中是否遇到问题，并提醒调查员按时保质完成调查问卷。四是对回收的调查问卷进行严格的检查。对问卷中存在的任何问题及时地向调查员询问情况，并要求部分质量较差的问卷重新调查。

5.1.4 样本情况说明

本次调查共回收问卷1052份。问卷录入后，对数据进行了仔细的逻辑和区间检查，以确保录入数据符合逻辑并在允许的数值范围内。其间，对有疑问的样本要求调查员进行了回访。最后经过数据整理，删除无效数据和缺失数据，共获得有效样本960个。样本城市具体分布情况说明见表5-2。

表 5 - 2　　　　　　　　　　　　样本分布情况

省（直辖市）	城市	样本量	省（直辖市）	城市	样本量	省（直辖市）	城市	样本量
直辖市	北京	30	河南	信阳	26	四川	成都	32
	上海	24	湖北	广水	28		绵阳	57
	重庆	30		宜昌	30		资阳	28
安徽	合肥	25		长沙	4		达州	27
	桐城	30	湖南	株洲	13		眉山	23
	芜湖	56		娄底	26		昆明	1
福建	莆田	24		怀化	1		大理	16
	漳州	28	江苏	常州	26		保山	4
	宁德	30		淮安	30		楚雄	1
广东	广州	14		南通	29	云南	临沧	1
	深圳	1		泰州	22		丽江	2
	佛山	12		苏州	27		曲靖	1
	顺德	1		无锡	29		文山	1
	番禺	3	江西	南昌	27		杭州	1
	南宁	26		抚州	28	浙江	瑞安	27
广西	桂林	30					温岭	27
	崇左	1						

　　所选择的调查地区（华中地区、华东地区、华南地区和西南地区）2012年的总人口为8.49亿人，其中城镇人口3990.97万人，占全国总人口和城镇人口的比例分别为62.7%和61.9%。样本省份的家庭平均人口数为2.98人。人均月可支配收入最高的为上海市3349元，高于全国平均水平63.6%，最低的为江西省1655元，低于全国平均水平19.2%（见表5-3）。将我们的调查数据和统计年鉴数据进行对比发现，调查所得的家庭平均人口数与统计年鉴提供的家庭平均人口数存在较大差异。除河南、江西两省外，其他各省、直辖市的样本家庭平均人口数均高于统计年鉴数据。

表 5 - 3 　　　　　　样本省份主要指标说明（2012 年数据）

省（直辖市）	城镇人口比例（%）	家庭平均人口（人）	样本家庭平均人口数（人）	人均月可支配收入（元）
全国	52.6	3.00		2047
北京	86.2	2.53	2.80	3039
上海	89.3	2.35	3.75	3349
重庆	56.98	2.67	3.23	1914
安徽	46.50	3.02	3.59	1752
福建	59.60	2.82	4.02	2338
广东	67.40	3.26	3.74	2519
广西	43.53	3.32	3.49	1770
河南	42.43	3.37	3.11	1704
湖北	53.5	3.03	3.25	1737
湖南	46.65	3.07	3.70	1777
江苏	63.00	2.97	3.63	2473
江西	47.51	3.43	3.40	1665
四川	43.53	2.85	3.19	1692
云南	39.31	3.26	4.14	1756
浙江	63.2	2.68	3.63	2879

注：非调查数据来自《中国统计年鉴（2013）》。

　　本次调查省份的选择是预先设定的，但具体城镇的确定实际上取决于学生调查员的家乡所在地。比较调查样本与 2012 年 15 个省份城镇人口规模发现，虽然调查样本省际不是完全均匀分布的，但基本能够代表样本总体。本次调查样本占 15 个省份城镇人口的比例大约为百万分之二，江苏、安徽、福建、广西和四川偏高些，广东与河南稍低些，其他 8 个省份基本在平均值范围内（见表 5 - 2 和表 5 - 3）。表 5 - 4 报告了回收的有效调查样本基本情况。结果显示，此次调查的受访者男性比例稍高，为 51%；受访者平均年龄为 37.5 周岁，最大年龄和最小年龄分别为 79 岁和 18 岁。从受访者年龄分布来看，其主要集中在 21～50 岁，占全部样本的 83.23%，且 21～30 岁、31～40 岁、41～50 岁的受访者数量分布较为平均。受访者中，高中及大专或本科的样本比例达到 62.5%，研究生及以上的样本比例为 6.35%，小学及以下的样本比例为 7.35%。进一步分析发现，受访者的学历层次较高，初中及以下受访者年龄主要集中在 50 岁以上，占 79.37%，35 岁以下受访者中大专或本科以上的比例达到 64.93%。职业分布上，私营部门及个体工作人员占比较大，为 39.79%，公职人员占比 12.08%，在外务工农民比例为 5.31%。受访者每天吃大米的频率为 2 顿以上，这与本调查选择以大米为主食地区的目标相吻合。受访者家庭的平均人口数为 3.5 人，这一调查结果明显高于国家统计局 2013 年公布的城镇居民平均家庭人口数（2.86 人）。国家统计局的城镇家庭人口数据来自城镇家庭住户登记，对家庭和家庭成员均有严格的定义。本次调查并没有强调上述家庭和家庭人口定义，部分受访者家庭子女虽已婚配，未与父母共同居住生活但联系密切，这些受访者仍将其视为家庭人口。受访者家庭平均月收入为 5000～6000 元，稍低于国家统计局公布的 2013 年全国城镇居民家庭月均收入（6425 元）。调查样本中 81.78% 的家庭平均月收入在 3000 元以上，月均收入在 9000 元以上的家庭占比为 18.12%。

表 5－4　　　　　　　　　　样本及样本住户特征构成

变量名称	变量定义	平均值	标准差	最大值	最小值
受访者个人情况					
性别	1 = 男，0 = 女	0.510	0.500	1	0
年龄	周岁	37.564	12.120	79	18
受教育程度	1 = 小学及以下	7.5%			
	2 = 初中或中专	21.14%			
	3 = 高中或高职	23.33%			
	4 = 大专或本科	41.67%			
	5 = 研究生及以上	6.36%			
职业	1 = 公务员	12.08%			
	2 = 公司职员	22.71%			
	3 = 私营企业主或个体工商户	17.08%			
	4 = 工人	6.98%			
	5 = 农业劳动者	5.31%			
	6 = 失业人员	2.60%			
	7 = 退休人员	5.62%			
	8 = 学生	11.46%			
	9 = 军人	0.42%			

续表

变量名称	变量定义	平均值	标准差	最大值	最小值
	10 = 自由职业者	6.35%			
	11 = 其他	9.39%			
日吃大米频率	顿/天	2.127	0.666	0	3
家庭情况					
家庭人口数	人	3.510	1.240	11	1
家庭月均收入①	1 = ≤1000 元	2.5%			
	2 = 1000 ~ 2999 元	15.83%			
	3 = 3000 ~ 4999 元	25.21%			
	4 = 5000 ~ 6999 元	23.02%			
	5 = 7000 ~ 8999 元	15.31%			
	6 = 9000 ~ 10999 元	7.08%			
	7 = 11000 ~ 19999 元	6.98%			
	8 = 20000 ~ 29999 元	1.88%			
	9 = 30000 ~ 39999 元	0.83%			
	10 = ≥40000 元	1.36%			
居住地规模	1 = 直辖市或省会城市	17.81%			
	2 = 地级市	23.02%			
	3 = 县	41.25%			
	4 = 镇	17.92%			
对转基因大米的了解程度	1 = 非常了解	3.13%			
	2 = 了解一些	30.31%			
	3 = 听说过	48.02%			
	4 = 完全不了解	18.54%			
是否听说过 "2012 年黄金大米事件"	1 = 是	46.67%			
	0 = 否	53.33%			

注：根据 960 个调查样本。

---

① 家庭月均收入分级划分原则参照国家统计局城市调查收入分级划分原则。

5.2 消费者对转基因技术及食品的认知情况

表5-5报告了消费者对转基因技术及食品的认知情况。调查结果表明，2013年听说过"杂交育种技术""基因""生物技术"和"转基因食品"的消费者占全部调查样本的比例分别为78.2%、84.9%、69.4%和86.4%。与2002年中国科学院的研究结果相比较发现，听说过"转基因食品"的消费者比例明显上升，从66.6%上升到86.4%。其中"经常""偶尔"和"只一两次"听说转基因食品的消费者比例均有一定程度的提高。听说过"基因"的消费者比例基本保持不变，而听说过"杂交育种技术"和"生物技术"的消费者比例不升反降。可能原因为：首先，随着近些年转基因食品相关报道的增多，越来越多的消费者听说过转基因食品。而与转基因食品相比，有关杂交育种技术和生物技术的相关报道较少，加之消费者对技术层面的报道内容兴趣不大，造成消费者对杂交育种技术和生物技术较为陌生。其次，两次调查在样本选取上存在较大差异，本次调查对象主要是以大米为主食的南方居民，而2002年中国科学院农村政策研究中心的调查数据取自华北地区和华东地区，且以国家统计局城市调查样本户作为调查对象。

表5-5　　　　　　　转基因技术和食品的认知水平　　　　　　单位:%

2013年调查（N=960）	听说过	其中			没听说过
		经常	偶尔	只一两次	
杂交育种技术	78.2	29.7	57.5	12.8	21.8
基因	84.9	38.4	48.7	12.9	15.1
生物技术	69.4	27.3	55.0	17.7	30.6
转基因食品	86.4	40.3	46.2	13.5	13.6
2002年调查（N=1005）	听说过	其中			没听说过
		经常	偶尔	只一两次	
杂交育种技术	90.9	58.7	29.5	2.7	9.1
基因	84.7	47.3	33.6	3.8	15.3
生物技术	77.3	35.8	36.5	5.0	22.8
转基因食品	66.6	22.9	33.8	9.9	33.4

数据来源：2002年结果来自黄季焜等（2006）；2013年结果来自960个样本。

表5-6报告了消费者人口特征和家庭情况对转基因技术和食品认知水平

的影响。结果显示，消费者对转基因食品的听说程度因样本自身特征、居住城市规模等不同而存在差异。性别对消费者是否听说过"转基因食品"有一定程度的影响但并不明显：有89%的男性样本听说过"转基因食品"，听说过"转基因食品"的女性样本比例为84.3%。年龄大小会对消费者是否听说过转基因食品产生影响。调查结果显示，随着年龄的增高，消费者听说过"转基因食品"的比例随之下降。30岁以下消费者中听说过"转基因食品"的比例为92.7%，30～39岁和40～49岁的消费者中听说过"转基因食品"的比例均高于85%，50～59岁的消费者中有77.6%听说过"转基因食品"，而60岁以上的消费者中听说过"转基因食品"的比例下降为57.9%。消费者"转基因食品"听说比例随着其受教育程度的提高而提高。受教育程度越高，"转基因食品"的听说比例也增高。小学及小学以下学历消费者的"转基因食品"听说比例为51.3%，大专及本科消费者的"转基因食品"听说比例为96.8%，研究生及以上消费者的这一比例达到98.3%。家庭月收入对消费者"转基因食品"听说程度有正向影响。随着收入水平的提高，消费者听说过"转基因食品"的比例也增大。低收入家庭的"转基因食品"听说比例为75.3%，而高收入家庭的"转基因食品"听说比例达到93.7%。研究还发现，消费者居住城市规模也会对其"转基因食品"听说比例产生影响。大城市消费者听说过"转基因食品"的比例明显高于中小城市消费者，这可能与大城市的信息设施水平较高有关。以上分析结果与黄季焜等（2006）的研究结论相吻合。

表5-6 消费者人口特征和家庭状况对转基因技术和食品认知水平的影响

单位：%

	类别	杂交育种技术	基因	生物技术	转基因食品
性别	男	81.5	88.2	74.2	89.0
	女	74.9	81.3	65.0	84.3
年龄	18~29岁	88.2	95.2	84.7	92.7
	30~39岁	77.8	89.3	71.6	86.2
	40~49岁	73.6	83.8	63.0	86.6
	50~59岁	74.8	66.4	54.2	77.6
	60~80岁	47.4	42.1	28.9	57.9

续表

	类别	杂交育种技术	基因	生物技术	转基因食品
受教育程度	小学及以下	41.6	26.3	16.6	51.3
	初中或中专	63.5	77.0	44.6	75.7
	高中或高职	76.7	86.8	66.2	87.3
	大专或本科	91.1	96.0	90.1	96.8
	研究生及以上	90.3	98.3	95.1	98.3
家庭月收入	低收入（0~3000元）	64.6	71.9	47.8	75.3
	中等收入（3000~9000元）	79.9	86.2	72.0	87.1
	高收入（≥9000元）	85.7	92.6	82.3	93.7
居住城市规模	大城市	87.5	84.4	79.8	91.0
	中等城市	77.3	84.2	73.8	85.8
	小城市	75.2	86.1	59.9	86.6

数据来源：来自960个调查样本。

听说过转基因食品并不代表消费者对转基因食品有一定的了解。表5-7显示，在听说过转基因食品的消费者中，仅有3.62%的人对转基因大米非常了解，49.27%的人只是听说过转基因大米，但了解得非常少，12.68%的消费者对转基因大米完全不了解。

表5-7　　对转基因大米的了解程度与听说过转基因食品的比例关系

单位:%

对转基因大米的了解程度			
1 = 非常了解	2 = 了解一些	3 = 听说过但不太了解	4 = 完全不了解
3.62	34.42	49.27	12.68

数据来源：来自960个调查样本。

消费者较高的转基因食品听说程度并不意味着其对转基因技术知识有较高程度的认知，因此有必要就消费者对转基因技术知识水平做进一步考察。表5-8显示，我国城镇消费者对包括转基因技术知识在内的生物技术知识水平并不高。六个问题全部答对的消费者仅占样本总量的15.56%，能够答对四个及四个以上题目的消费者不足60%。

表5-8　　　　　　　　六个生物技术知识问题的回答结果统计　　　　　单位:%

答对数量	合计	累计
0	2.35	100.00
1	8.50	97.65
2	12.18	89.15
3	18.73	76.97
4	21.49	58.24
5	21.19	36.75
6	15.56	15.56
全部6题的平均正确率	36.9 (0.166)[a]	—

数据来源:来自960个样本。[a]括弧内表示标准差。

　　然而,与2002年的这一调查结果对比发现,十年间我国消费者对六个生物技术知识水平问题的回答正确率有明显提高。以有关转基因技术知识的第五、第六题为例,2002年的正确率分别为31.6%和20.3%,而2013年则分别提升到46.1%和40.8%。尽管如此,我国消费者的生物技术知识水平也只是达到了美国消费者2001年对生物技术的认知水平。中美消费者前五个问题的答对率均为66%以上,欧盟消费者的答对率略低,不到50%。单就两个与转基因技术知识有关的问题来看,我国消费者的平均答对率分别为46.1%和40.8%,低于美国消费者(见表5-9)。

表5-9　中国、美国、欧盟消费者对转基因技术知识调查结果的比较

单位:%

生物技术知识问题	答案	中国 (2013年)	中国 (2002年)	美国 (2001年)	欧盟 (1999年)
污水中含有一些细菌	对	94.5	93.2	94	83
孩子的性别是由父亲的基因决定的	对	62.5	58.5	64	44
转基因食物中含有基因,普通食物中不含基因	错	71.3	16.7	57	35
一个人吃了转基因水果,他的基因会发生变化	错	58.0	6.7	68	42
把动物基因转入到植物体中是不可能的	错	46.1	31.6	51	26
把鱼基因转入到某一作物中,该食物会有鱼味	错	40.8	20.3	67	—

　　注:中国(2002年)、美国、欧盟的调查结果来自黄季焜等(2006);中国(2013年)结果来自960个样本。

5.3 消费者对转基因大米的基本态度
及其影响因素分析

5.3.1 消费者对转基因大米的基本态度

根据转基因食品的特征和类型的不同，同时为了便于与 2002 年中国科学院农村政策研究中心的调查结果相比较，本文特选取消费者目前可以在市面上购买到的或者与消费者联系较为紧密的四类转基因食品作为消费者态度部分的研究对象，即采用转基因大豆加工的大豆油、采用转基因玉米作为饲料喂养的畜产品及两类不同功能的转基因大米。调查结果显示，十年间消费者对转基因食品的态度变化显著。总体来说，2013 年消费者对转基因食品的接受程度明显低于 2002 年。2002 年消费者对这四种转基因食品的平均接受程度为 55.8%，而 2013 年这一比例下降到 27.7%，下降幅度超过一半，持明确反对态度的消费者比例从 2002 年的 10.6% 提高到 2013 年的 26.2%。在四种转基因食品中，消费者对转基因大米的接受程度下降幅度最大，从 61.1%下降到 23.2%，持明确反对态度的从 2002 年的 9.7% 提高到 2013 年的30.8%（见表 5 - 10）。

表 5 - 10 　　　　　　消费者对四种转基因食品的接受程度 　　　　　　单位:%

	转基因大豆油		转基因玉米饲料喂养的畜产品		抗病虫害的转基因大米		改善营养的转基因大米	
	2002 年	2013 年	2002 年	2013 年	2002 年	2013 年	2002 年	2013 年
完全接受	12.6	5.8	12.8	6.7	19.4	5.0	23.1	7.2
比较接受	36.4	20.3	33.2	22.6	41.7	18.2	44.1	25.1
中立	28.4	37.8	28.6	36.3	20.3	32.9	18.9	33.9
比较反对	10.7	19.8	11.0	18.9	8.0	22.0	4.6	16.0
完全反对	1.9	7.3	3.1	5.8	1.7	8.8	1.3	6.3
不知道	10.1	8.85	11.2	9.6	9.0	12.9	8.1	11.4

数据来源：2002 年结果来自黄季焜等（2006）；2013 年结果来自 960 个样本。

为什么消费者对转基因食品的接受程度会随着时间的推移而下降呢？本文认为，一是自农业部于 2009 年对华中农业大学研发的两个品系转基因水稻发放安全生产证书以来，有关转基因技术和食品问题的争议日趋激烈，反对转基因技术及食品的声音几乎左右了相关媒体报道。姜萍（2012）利用中国知网重要报纸数据库以"转基因"作为关键词对国内公开发行的500多种报纸进行检索、分析，其研究结果显示107篇以转基因为主题的报道中，只有41.1%的报道是支持转基因的，而反对转基因的报道比例达到39.3%。媒体报道势必会对消费者对转基因食品的态度产生影响。二是随着人民生活水平的提高和对转基因食品的了解逐渐增多，消费者的食品安全意识增强，会更担心作为口粮的转基因大米的安全性，更倾向于接受传统的、确定性的安全食品。

表5-10显示，消费者对不同种类转基因食品的接受程度不尽相同。一是与间接食用的转基因食品相比较，消费者更不愿意接受直接食用的转基因食品。不愿意接受的消费者比例分别为25.9%和26.5%。造成这一结果的原因可能是消费者担心直接食用的转基因食品会对人体健康产生比间接食用的转基因食品更大的不确定性。二是消费者更愿意接受有营养改善功能的转基因食品，接受和比较接受改善营养的转基因大米的受访者比率达到32.5%，而接受和比较接受抗病虫害转基因大米的受访者比率仅为23.5%。上述结果与相关研究结论一致，消费者对提高作物品质的转基因食品的接受程度高于提高产量或降低成本的转基因食品（FAO，2003）。消费者对改善营养的转基因大米的接受程度高于抗病虫害转基因大米，原因可能是消费者担心抗病虫害转基因大米中的农药残留，而改善营养的转基因大米可以为消费者带来直接的福利。

5.3.2 消费者对转基因大米接受程度的影响因素分析

已有的研究结果表明，消费者对转基因食品的接受程度可能会受消费者个体特征、社会经济因素和对转基因技术及食品认知情况等因素的影响（Hoban，1999b；IFIC，2000；McCluskey et al.，2001；Morris et al.，2001；Pinstrup - Andersen et al.，2001；Chern et al，2002；Hallman et al.，2002；Hossain et al.，2002；白军飞，2003；周峰，2003；丁玉莲，2004；Huffman et al.，2007）。本文设定的理论模型如下：

消费者对转基因大米的接受程度 =f（消费者个体特征、社会经济因素、转基因技术知识水平、其他）；

其中，消费者个体特征主要是指受访者的性别、年龄、受教育程度；社会经济因素主要包括受访者家庭的居住城市规模、家庭人口数及其月收入水平；消费者转基因技术知识水平包括消费者的生物技术认知水平和消费者对转基因食品的认知情况；理论模型中的其他因素为消费者对转基因大米的认知程度和是否听说过"2012 年黄金大米事件"。

基于以上理论模型，本文设定的经验模型为

$$Z = \beta_0 + \beta_1 gender + \beta_2 age + \beta_3 edu + \beta_4 loc + \beta_5 edu + \beta_6 inc + \beta_7 rec$$
$$+ \beta_8 rice\_eat + \beta_9 Gmf\_know + \beta_{10} Gmr\_know + \beta_{11} Gr\_know + \varepsilon$$

其中，被解释变量 Z 表示消费者效用。模型中其他变量的定义见表 5 – 11。

表 5 – 11　　　　　相关解释变量的定义、单位和模型中的设定

变量名	定义及单位
个体特征指标	
gender	1 = 男性
age	年龄（周岁）
edu	受教育程度（1 = 小学及以下，2 = 初中或中专，3 = 高中或高职，4 = 大专或本科，5 = 研究生及以上）
社会经济指标	
loc	1 = 直辖市或省会城市，2 = 地级市，3 = 县，4 = 镇
edu	
inc	1 = ≤3000 元，2 = 3000 ~ 4999 元，3 = 5000 ~ 8999 元，4 = 9000 ~ 29999 元，5 = ≥30000 元
rec	转基因技术及食品客观认知水平（%）
rice_eat	日均吃大米频率（顿/天）
Gmf_know	1 = 听说过转基因食品
Gmr_know	1 = 听说过转基因大米
Gr_know	1 = 听说过"2012 年黄金大米事件"

消费者对转基因食品的接受程度是有序分类变量，共有五种态度等级，即"完全接受""比较接受""中立""比较反对"和"非常反对"。根据研究需要，本文应采用多元有序选择模型（Ordered Logit Choice Model）。在此模型中，y_i^* 为隐含的不可观测的潜在偏好，本文中为消费者对转基因食品的主观态度，y 为观测到的态度评价，这里将其令为 0，1，2，3，4。

潜在态度 y_i 与解释变量 x_i 之间存在的线性关系为

$$y_i^* = \alpha + \beta x_i + \varepsilon_i \tag{5 – 1}$$

其中，β 为待估参数，ε 为独立分布的误差项。

设 μ_i 为不同态度评价的临界值，y_i^* 和 y 之间的关系可以表示为

若 $y_i^* \leqslant \mu_0$，则基本态度为"非常反对"，即 $y=0$；

若 $\mu_0 \leqslant y_i^* \leqslant \mu_1$，则基本态度为"比较反对"，即 $y=1$；

若 $\mu_1 \leqslant y_i^* \leqslant \mu_2$，则基本态度为"中立"，即 $y=2$；　　　　(5-2)

若 $\mu_2 \leqslant y_i^* \leqslant \mu_3$，则基本态度为"比较接受"，即 $y=3$；

若 $\mu_3 \leqslant y_i^* \leqslant \mu_4$，则基本态度为"完全接受"，即 $y=4$；

因此，潜在连续变量 y_i^* 落在第 j 类别的概率为

$$P(\mu_{j-1} \leqslant y_t^* \leqslant \mu_j) = P(y = j \mid x)$$
$$= \phi(\mu_j - x'\beta) - \phi(\mu_{j-1} - x'\beta) \qquad (5-3)$$

与上述概率函数相对应的似然函数式为

$$L = \sum_{j=0}^{u} \sum_{i=0}^{n} d_{ij} \log[\phi(\mu_j - x'\beta) - \phi(\mu_{j-1} - x'\beta)] \qquad (5-4)$$

其中，$d_{ij} = \begin{cases} 1 & if \quad y_i = j \\ 0 & otherwise \end{cases}$；$i=1,2,\cdots,n$；$n$ 表示样本数量，$j=1,2,$ 3，4，$\cdots$，为选择类别，$\phi(\ )$ 服从标准正态分布。[①]

表 5-12 报告了多元有序 probit 模型的估计结果。总体上说，与 Lusk（2003）研究结果类似，多元有序 probit 模型中的大部分解释变量的参数10% 水平上不显著。表 5-12 结果显示，消费者人口特征变量——"性别""年龄"及"受教育程度"变量是影响消费者态度的重要变量：男性消费者比女性消费者更倾向于愿意接受转基因食品；消费者年龄越大越倾向于排斥转基因食品，而更愿意接受非转基因食品；消费者受教育程度与其转基因食品的接受程度呈负相关，受教育程度越高转基因食品接受程度越低。上述结果与仇焕广等（2007a）和仇焕广等（2007b）一致。另外，"生物技术知识水平"变量10% 水平上不显著，证实了 House 等（2004）提出的消费者对转基因的客观知识水平对其消费行为不产生显著影响的研究结论。

表 5-12　　　　多元有序 probit 模型估计结果（n=960）

变量	转基因大豆油	转基因玉米饲料喂养的畜产品	抗病虫害的转基因大米	改善营养的转基因大米
性别	-0.1010 (0.069)	-0.171** (0.069)	-0.132* (0.069)	-0.116* (0.069)

① SAS9.1 版本 "SAS Help and Documentation" – ordinal discrete choice modeling 和 Green（2003）。

变量	转基因大豆油	转基因玉米饲料喂养的畜产品	抗病虫害的转基因大米	改善营养的转基因大米
年龄	0.011**	0.011**	0.009**	0.010**
	(0.003)	(0.003)	(0.003)	(0.003)
受教育程度	0.092**	0.075*	0.046	0.035
	(0.041)	(0.041)	(0.041)	(0.041)
家庭规模	0.042	−0.002	0.050*	0.069**
	(0.029)	(0.029)	(0.029)	(0.029)
居住城镇	0.017	−0.015	−0.025	−0.008
	(0.038)	(0.038)	(0.038)	(0.038)
家庭月收入	0.006	−0.002	0.019	−0.022
	(0.020)	(0.020)	(0.020)	(0.020)
大米消费频率	0.015	−0.082	−0.003	−0.032
	(0.053)	(0.053)	(0.053)	(0.053)
生物知识水平	0.304	0.309	0.162	0.070
	(0.212)	(0.211)	(0.211)	(0.211)
转基因食品认知	0.136	0.090	0.044	−0.001
	(0.109)	(0.109)	(0.109)	(0.109)
转基因大米认知程度	0.096*	0.072	0.055	−0.069
	(0.053)	(0.053)	(0.053)	(0.053)
"2012年黄金大米事件"	0.130*	−0.058	0.144*	0.080
	(0.079)	(0.079)	(0.079)	(0.079)
Log likelihood	−1288.935	−1285.928	−1301.194	−1294.026

注：括号内为标准误差，* 和 ** 分别表示10%和5%统计水平上显著。

表5-12结果显示，"转基因大米认知程度"与转基因大豆油、转基因玉米饲料喂养的畜产品和抗病虫害的转基因大米的接受程度成反比，但只有转基因大豆油参数估计值在10%水平上显著，即对转基因大米了解程度越高的消费者越倾向于排斥转基因大豆油，这一结果与黄季焜等（2006）和仇焕广等（2007a）不同，但与Huffman等（2007）和Lusk等（2004）相吻合。由于消费者关注转基因大米甚于一般转基因食品，而且"转基因大米认知程度"是一个多元的离散变量，因此"转基因大米认知程度"能更恰当地反映消费者对转基因技术和食品的认知水平，本文"转基因大米认知程度"变量参数估值表明，消费者对转基因技术和食品的主观认知水平是影响消费者行为的重要变量。"2012年黄金大米事件"对消费

者接受转基因大豆油和抗病虫害的转基因大米有显著的负向影响，表明媒体的负面报道会影响消费者对转基因技术和食品的态度。最后，"家庭规模"对消费者接受转基因大米有显著的负向影响，此结果是否表明家庭规模越大转基因食品信息越多，从而对转基因食品排斥度越高？有必要做进一步探究。

为了证实表 5 - 12 报告的多元有序 probit 模型结果，本文又采用二元 probit 模型对消费者的转基因食品接受程度的影响因素做进一步分析。为了进行比较，本文构建的二元虚拟变量与仇焕广等（2007a）相同，即 1 表示"完全接受"和"比较接受"，0 表示"中立""比较反对"和"完全反对"。表 5 - 13 报告了二元 probit 模型回归结果。总体上看，表 5 - 12 和表 5 - 13 结果基本相同，如性别、年龄和受教育程度变量是影响消费者接受转基因食品的重要变量，并且影响方向也一致；"转基因大米的认知程度"对转基因大豆油、转基因玉米饲料喂养的畜产品和抗病虫害的转基因大米有显著的负向影响，进一步证实了转基因技术和食品的主观认识水平与消费者接受转基因食品存在反向关系。但表 5 - 12 和表 5 - 13 的结果也存在着不同，比如表 5 - 13 表明"2012 年黄金大米事件"对消费者接受转基因玉米饲料喂养的畜产品有显著的正向影响，而对其他三种转基因食品则没有显著影响。另外，"大米消费频率"对转基因玉米饲料喂养的畜产品和抗病虫害的转基因大米的影响方向不同，对前者是正向而对后者则是负向的。

表 5 - 13　　　　　　二元 probit 模型估计结果（n = 960）

变量	转基因大豆油	转基因玉米饲料喂养的畜产品	抗病虫害的转基因大米	改善营养的转基因大米
性别	0.143	0.283 **	0.300 **	0.148 *
	(0.090)	(0.089)	(0.093)	(0.086)
年龄	- 0.011 **	- 0.014 **	- 0.009 **	- 0.011 **
	(0.004)	(0.004)	(0.004)	(0.004)
受教育程度	- 0.138 **	- 0.127 **	- 0.007	- 0.042
	(0.053)	(0.053)	(0.055)	(0.051)
家庭规模	- 0.035	0.036	- 0.034	- 0.045
	(0.038)	(0.037)	(0.039)	(0.036)
居住城镇	- 0.004	- 0.010	0.070	0.094 *
	(0.049)	(0.049)	(0.052)	(0.047)

变量	转基因大豆油	转基因玉米饲料喂养的畜产品	抗病虫害的转基因大米	改善营养的转基因大米
家庭月收入	0.011	0.024	0.010	0.042*
	(0.026)	(0.025)	(0.027)	(0.025)
大米消费频率	−0.031	0.159**	−0.128*	−0.384
	(0.070)	(0.070)	(0.071)	(0.067)
生物知识水平	0.073	−0.071	0.152	0.122
	(0.275)	(0.278)	(0.289)	(0.265)
转基因食品认知	−0.016	−0.105	−0.076	0.080
	(0.146)	(0.145)	(0.154)	(0.141)
转基因大米认知程度	−0.272**	−0.227**	−0.247**	−0.022
	(0.070)	(0.068)	(0.072)	(0.066)
"2012年黄金大米事件"	−0.061	0.253**	−0.146	−0.023
	(0.103)	(0.101)	(0.105)	(0.098)
常数项	1.053**	0.312	0.413	−0.235
	(0.449)	(0.439)	(0.464)	(0.426)
Log likelihood	−537.171	−551.884	−501.588	−592.891

注：括号内为标准误差，*、**和***分别表示10%、5%和1%统计水平上显著。

另外，结果表明"家庭月收入"仅对改善营养的转基因大米有显著的正向影响，对其他三种转基因食品的接受程度没有产生显著影响。这一结果与黄季焜等（2006）和仇焕广等（2007a）的研究结果不同，上述研究文献发现消费者收入水平与其对转基因食品的接受程度呈反向关系。本文研究结果表明消费者收入水平的提升并不必然导致其排斥转基因食品。估计结果还表明城市规模会对消费者接受改善营养的转基因大米产生反向影响，即居住在大城市的消费者更倾向于排斥转基因大米。这一结果与黄季焜等（2006）和仇焕广等（2007a）的研究结论一致。

5.4　消费者对转基因大米的支付意愿及其影响因素分析

5.4.1　消费者的选择结果

表 5-14 报告了各信息组受访者选择结果的简单算术平均数，其中百分比数字表示接受（或者拒绝）的受访者人数占相应样本规模的比重，括弧内的数字则表示平均价格（或投标值）。在对转基因大米的支付意愿表明明确态度的 945 个调查样本中，当转基因大米和普通大米的价格均为 5 元时，愿意购买转基因大米的消费者比例为 25.5%；当转基因大米的价格为 3.51 元时，愿意购买转基因大米的消费者比例变为 46.45%（即原来的 25.5% 加 20.95%）；当转基因大米价格进一步下降为 2.23 元时，愿意购买转基因大米的消费者比例上升为 56.60%（即 46.45% 加上 10.15%）。因此，愿意购买

表 5-14　　　　　　消费者转基因大米购买选择分布表

4.1 （5 元）	接受 25.50%	接受 9.73% （6.11 元）	接受 6.14% （7.16 元）
			拒绝 3.59% （7.34 元）
		拒绝 15.77% （6.28 元）	接受 4.23% （5.59 元）
			拒绝 11.54% （5.66 元）
	拒绝 74.50%	接受 20.95% （3.51 元）	接受 13.54% （4.32 元）
			拒绝 7.41% （4.39 元）
		拒绝 53.55% （3.81 元）	接受 10.51% （2.23 元）
			拒绝 43.40% （2.68 元）

数据来源：来自 960 个调查样本。

转基因大米的消费者比例随着转基因大米价格的下降而上升，符合需求规律，同时表明，转基因大米价格是决定消费者购买意愿的重要因素。

消费者的个人特征对其转基因大米购买意愿有一定的影响。从表5－15可以看出，男性比女性更愿意购买转基因大米。不同年龄段的消费者对大米的购买意愿差别较大，其中30～39岁被调查者的购买意愿最高，这个年龄段

表5－15　　　消费者个人特征与其转基因大米购买意愿的关系分析

单位：%

		购买普通大米	购买转基因大米	两者均可	不排斥转基因大米	两者均不买
		①	②	③	④（②＋③）	⑤
性别	男	72.5	10.1	16.2	26.4	1.2
	女	74.4	7.8	15.7	23.6	1.9
年龄	18～29岁	71.5	8.5	17.9	26.4	1.9
	30～39岁	68.1	13.0	17.0	30.0	1.7
	40～49岁	76.7	8.2	14.7	22.9	0.3
	50～59岁	77.3	5.6	14.1	19.8	2.8
	60～80岁	80.4	6.5	10.8	17.3	2.1
受教育程度	小学及以下	66.2	7.0	22.5	29.5	4.2
	初中或中专	70.9	8.3	18.7	27.9	1.9
	高中或高职	72.4	13.3	13.7	27.1	0.4
	大专或本科	75.0	7.7	16.0	23.7	1.2
	研究生及以上	81.9	6.5	8.2	14.7	3.2
居住地规模	省会或直辖市	82.3	6.4	11.1	17.6	0.0
	地级市	67.4	9.0	20.3	29.4	3.1
	县城	74.2	10.6	14.6	25.2	0.5
	镇	69.9	8.0	18.5	26.5	3.4
家庭月收入	低收入（0～3000元）	69.1	10.2	16.5	26.8	4.0
	中等收入（3000～9000元）	74.4	8.8	16.2	25.0	0.4
	高收入（≥9000元）	73.5	8.6	14.9	23.5	2.8

数据来源：来自960个调查样本。

的消费者中有近 1/3 表示在转基因大米和普通大米同价的情况下愿意购买转基因大米；随着年龄增大，消费者购买转基因大米的意愿逐步下降，40～49岁被调查者的购买比例为 22.9%，而 60 岁以上消费者的购买比例下降为17.3%。消费者受教育程度对大米购买意愿的影响也较为明显，表现为受教育程度越高购买意愿越低。受教育程度为小学及以下被调查者的转基因大米购买意愿比例为 29.5%，而研究生及以上学历被调查者的购买比例仅为14.7%。这可能与受教育程度越高，消费者对转基因食品的了解程度越高，对其存在的风险认识也越深刻有关。城市规模对消费者转基因大米购买意愿也有影响。大城市消费者愿意购买转基因大米的比例仅为 17.6%，中小城市及以下的消费者选择购买转基因大米的比例均超过 25%，其中有近 30% 的地级市消费者愿意购买转基因大米。调查数据显示，大城市消费者对转基因大米的了解程度明显高于中小城市及以下的消费者，因此城市规模对消费者消费行为的影响实际上反映了消费者对转基因大米的认知程度，即对转基因大米认知程度高的消费者更不愿意购买转基因大米。表 5－15 表明，消费者家庭收入也是影响消费者转基因大米购买意愿的重要变量。随着家庭收入水平的提高，消费者转基因大米的购买意愿则不断降低；但这一趋势表现得并不明显，低收入消费者的转基因大米购买意愿比例为 26.8%，而家庭月均收入9000 元以上消费者的购买比例变为 23.5%。

　　除了消费者个人特征外，消费者对转基因食品的认知水平及接受程度也会对转基因大米的购买意愿产生影响。表 5－16 显示，"听说过"比"没有听说过"转基因食品的消费者更不愿意购买转基因大米，两者相差了 7 个百分点。对转基因大米了解程度越高的消费者越不愿意购买转基因大米，对转基因大米非常了解的消费者的转基因大米购买意愿比例仅为 9.6%，而对转基因大米完全不了解的消费者的这一比例则达到 22.1%。听说过"2012 年黄金大米事件"的消费者比没有听说过的消费者更不愿意购买转基因大米，虽然这一差异并不明显。消费者对转基因大米的态度对其购买意愿的影响最为明显，接受程度越高，越愿意购买转基因大米，这与预期一致。"接受"转基因大米的消费者在转基因大米与普通大米同价的情况下，并不完全会选择购买转基因大米。表 5－16 显示，表示完全接受转基因大米的消费者中仅有25% 左右会购买，说明消费者在做购买选择时会考虑到价格因素，价格可能是消费者购买决策的重要影响因素。有 5% 左右对转基因大米持反对态度的消费者选择购买转基因大米，这可能与问卷中的信息有关，可能是这些信息对消费者的购买决策产生了影响。

表 5 - 16　　　　消费者转基因食品听说情况对其购买意愿的影响

单位:%

		购买普通大米	购买转基因大米	两者均可	不排斥转基因大米	两者均不买
		①	②	③	④（②+③）	⑤
是否看到或听到过转基因食品	是	74.5	8.1	16.0	24.2	1.2
	否	65.3	14.6	16.1	30.7	3.8
对转基因大米的了解程度	非常了解	74.1	12.9	9.6	22.5	3.2
	了解一些	72.6	9.9	16.7	26.7	0.6
	听说过，但了解非常少	78.3	7.5	13.6	21.2	0.4
	完全不了解	61.3	10.8	22.1	32.9	5.6
是否听说过"2012 年黄金大米事件"	是的	75.4	8.5	14.9	23.5	0.9
	没有听说过	70.8	9.6	17.2	26.9	2.2
对抗病虫害转基因大米的态度	完全接受	53.0	20.4	26.5	46.9	0.0
	比较接受	57.1	19.4	23.4	42.8	0.0
	中立	71.3	7.9	18.1	26.1	2.5
	比较反对	87.6	3.7	8.0	11.8	0.4
	非常反对	92.9	0.0	3.5	3.5	3.5
对改善营养的转基因大米的态度	完全接受	49.2	27.5	23.1	50.7	0.0
	比较接受	57.0	15.2	27.6	42.9	0.0
	中立	78.3	5.7	13.7	19.5	2.0
	比较反对	89.6	2.6	5.8	8.4	1.9
	非常反对	88.3	3.3	3.3	6.6	5.0

数据来源：来自 960 个调查样本。

　　表 5 - 17 报告了转基因水稻信息对消费者的影响程度。表 5 - 17 显示，转基因水稻信息对消费者的购买意愿产生了明显影响。当转基因大米与非转基因大米的价格同为 5 元时，基准信息组、环境信息组、营养信息组以及联合信息组的消费者，其购买转基因大米的比例分别为 29.3%、22.5%、22.9% 以及 27.1%。因此，消费者对转基因水稻正反两方面信息内容的负面信息反应强烈，负面信息内容影响了消费者行为。

表 5 – 17　　　　　　　　信息对消费者购买意愿的影响

		购买普通大米	购买转基因大米	两者均可	不排斥转基因大米	两者均不买	合计
		①	②	③	④（②+③）	⑤	
基准信息	问卷数	95	14	27	41	4	140
	百分比（%）	67.8	10	19.3	29.3	2.9	100
环境信息	问卷数	203	20	41	61	7	271
	百分比（%）	74.9	7.4	15.1	22.5	2.6	100
营养信息	问卷数	176	20	33	53	2	231
	百分比（%）	76.2	8.6	14.3	22.9	0.9	100
联合信息	问卷数	230	33	53	86	2	318
	百分比（%）	72.3	10.4	16.7	27.1	0.6	100
	合计	704	87	154	241	15	960

数据来源：来自 960 个调查样本。

转基因水稻正反两方面信息内容的优缺点顺序排列对消费者行为也有一定的影响。表 5 – 18 显示，优缺点排列顺序对"环境信息"组和"营养信息"组消费者产生了影响，先优点后缺点排列显著增加了消费者对转基因大米的购买意愿，比如"环境信息"组先优点后缺点排列顺序下购买比例为 23.7%，而先缺点后优点排列顺序下的购买比例则为 21.3%；同样地，"营养信息"组先优点后缺点排列顺序下购买比例为 23.8%，而先缺点后优点排列顺序下的购买比例则为 22.0%。然而，优缺点排列顺序对"联合信息"组消费者产生了相反的影响。先优点后缺点信息排列顺序下的购买比例 25.9%，而先缺点后优点排列顺序下的购买比例则为 28.2%。因此，转基因水稻正反两方面信息优缺点顺序排列的影响，需要进一步论证。

表 5 – 18　　　　　　不同信息顺序下消费者对大米的选择　　　　　　单位：%

信息类型	信息顺序	购买普通大米	购买转基因大米	两者均可	不排斥转基因大米	两者均不买
		①	②	③	④（②+③）	⑤
基准信息	无	67.8	10.0	19.2	29.2	2.8
环境信息	先优点后缺点	73.5	7.1	16.4	23.7	2.8
	先缺点后优点	76.3	7.6	13.7	21.3	2.2
营养信息	先优点后缺点	75.2	7.0	16.8	23.8	0.8
	先缺点后优点	77.1	10.1	11.6	22.0	0.8

信息类型	信息顺序	购买普通大米	购买转基因大米	两者均可	不排斥转基因大米	两者均不买
		①	②	③	④（②+③）	⑤
联合信息	先优点后缺点	72.8	9.2	16.6	25.9	1.2
	先缺点后优点	71.7	11.5	16.0	28.2	0.0

数据来源：来自960个调查样本。

本调查问卷专门设置了友情提示信息，以规避条件估值法存在的假想偏差。表5-19显示，在做出明确选择的945份问卷中，有提示问卷465份，无提示问卷480份，两类样本的分布较为平均；有提示情况下选择购买转基因大米的消费者比例为15.91%，无提示情况下这一比例为16.67%，似乎有无友情提示对消费者对大米的选择影响不大。

表5-19　　　　　　　有无友情提示时消费者对大米的选择　　　　　　　单位：%

	购买普通大米	购买转基因大米	两者均可	不排斥转基因大米
	①	②	④（②+③）	⑤
有提示	75.9	8.1	15.9	24.0
无提示	73.1	10.2	16.6	26.8

数据来源：来自960个调查样本。

5.4.2　消费者对转基因大米支付意愿的影响因素分析

本章利用 Hanemann（1991）提出的双边界二分选择模型估计消费者对转基因大米的支付意愿。

根据 Hanemann（1991），首先设定消费者面对的第一个标的价格为 B_{i1}，如果消费者愿意在第一个价格下购买转基因大米，则这个消费者会被问及是否愿意在比第一个价格稍高的价格（B_{i2}^h）下购买转基因大米；否则这个消费者会被问及是否愿意在比第一个价格稍低的价格（B_{i2}^l）下购买转基因大米，其中 $B_{i2}^l < B_{i1} < B_{i2}^h$。

每个消费者对这两个支付意愿问题都会给出确定的回答，结果共有四种可能。

第一种可能：如果消费者对第一个标的价格和第二个标的价格均回答

"是"，即愿意购买，消费者的意愿支付价格落在区间 $D_1 = \left[B_{i2}^h，+\infty \right]$ 中；

第二种可能：如果消费者对第一个标的价格和第二个标的价格均回答"否"，即不愿意购买，则消费者的意愿支付价格落在区间 $D_2 = \left(-\infty，\right.$ $\left. B_{i2}^l \right]$ 中；

第三种可能：如果消费者对第一个标的价格回答"是"，对第二个标的价格回答"否"，则消费者的意愿支付价格落在区间 $D_3 = \left[B_{i1}，B_{i2}^h \right]$ 中；

第四种可能：如果消费者对第一个标的价格回答"否"，对第二个标的价格回答"是"，则消费者的意愿支付价格落在区间 $D_4 = \left[B_{i2}^l，B_{i1}^h \right]$ 中。

设定 y_i^1、y_i^2 分别为消费者对两个问题的回答结果，$y_i^1 = 1$ 表示消费者对第一个问题回答"是"，愿意购买，$y_i^1 = 0$ 表示消费者回答"否"，不愿意购买。消费者对第一个问题回答"是"，对第二个问题回答"否"的概率可以表示为 $Pr\ (y_i^1 = 1，y_i^2 = 0)\ = Pr\ (s，n)$。

假设消费者对所提问的价格的接受与否受到个人特征及其对转基因食品的了解的影响，则其所接触的价格可以表达为

$$WTP^* = x\beta + \varepsilon \tag{5-5}$$

$$y_i = \beta_0 + \sum_{i=0}^{n} \beta^t x_i^t + \varepsilon_i \tag{5-6}$$

其中，x_i 为影响受访者支付意愿各变量值，β 为各影响因素变量的回归系数，β_0 为随机误差项，残差项 ε_i 服从标准正态分布。

消费者四种可能性选择的概率函数分别如下：

1. 当 $y_t^1 = 1$，$y_i^2 = 1$ 时

$$
\begin{aligned}
Pr(s,s) &= Pr(WTP > B_{i1}, WTP > B_{i2}^h) \\
&= Pr(WTP > B_{i2}^h) \\
&= 1 - \phi\left(\frac{x_i\beta - B_{i2}^h}{\sigma} \right)
\end{aligned}
\tag{5-7}
$$

2. 当 $y_t^1 = 0$，$y_i^2 = 0$ 时

$$
\begin{aligned}
Pr(n,n) &= Pr(WTP < B_{i1}, WTP < B_{i2}^l) \\
&= Pr(WTP < B_{i1}) \\
&= \phi\left(\frac{x_i\beta - B_{i2}^l}{\sigma} \right)
\end{aligned}
\tag{5-8}
$$

3. 当 $y_i^1 = 1$，$y_i^2 = 0$ 时

$$Pr(s,n) = Pr(WTP > B_{i1}, WTP < B_{i2}^h)$$
$$= Pr(B_{i1} < WTP < B_{i2}^h)$$
$$= \phi\left(\frac{x_i\beta - B_{i2}^h}{\sigma}\right) - \phi\left(\frac{x_i\beta - B_{i1}}{\sigma}\right) \quad (5-9)$$

4. 当 $y_i^1 = 0$，$y_i^2 = 1$ 时

$$Pr(n,s) = Pr(WTP < B_{i1}, WTP > B_{i2}^h)$$
$$= Pr(B_{i2}^l < WTP < B_{i1})$$
$$= \phi\left(\frac{x_i\beta - B_{i2}^l}{\sigma}\right) - \phi\left(\frac{x_i\beta - B_{i1}}{\sigma}\right) \quad (5-10)$$

其中，$\phi(\ )$ 为标准正态累计分布函数。

基于上述四式，参数估计的最大似然估计方程为

$$\ln L = \sum_{i=0}^{n}\left[\begin{array}{l} d_i^{ss}\ln\left(1 - \phi\left(\frac{x_i\beta - B_{i2}^h}{\sigma}\right)\right) + d_i^{nn}\ln\left(\phi\left(\frac{x_i\beta - B_{i2}^l}{\sigma}\right)\right) \\ + d_i^{sn}\ln\left(\phi\left(\frac{x_i\beta - B_{i2}^h}{\sigma}\right) - \phi\left(\frac{x_i\beta - B_{i1}}{\sigma}\right)\right) \\ + d_i^{ns}\ln\left(\phi\left(\frac{x_i\beta - B_{i1}}{\sigma}\right) - \phi\left(\frac{x_i\beta - B_{i2}^l}{\sigma}\right)\right) \end{array}\right] \quad (5-11)$$

除对样本总体进行估计外，本文将消费者分为三组，第一组为回答"愿意以 5 元的标的价格购买转基因大米"的消费者，将他们归为转基因大米的偏好者，同时这部分消费者将会被从高于 5 元的标的价格提问；第二组为回答"不愿意以 5 元的标的价格购买转基因大米"的消费者，他们是普通大米的偏好者，这部分消费者将会被从低于 5 元的标的价格提问；第三组为回答"不买"的消费者，因这部分消费者不再进行后续支付意愿问题的回答，故在估算消费者意愿支付价格时将其排除。参与估计的样本总数为 945 个，转基因大米偏好样本数为 241 个，普通大米的偏好样本数为 704，借助 Stata12.0 数据处理软件进行估计。

表 5 - 20　　　　　　　　相关解释变量的定义、单位和模型中的设定

变量名	定义及单位
个体特征指标	
gender	1 = 男性
age	年龄（周岁）
edu	受教育程度（1 = 小学及以下，2 = 初中或中专，3 = 高中或高职，4 = 大专或本科，5 = 研究生及以上）
社会经济指标	
loc	1 = 直辖市或省会城市，2 = 地级市，3 = 县，4 = 镇
edu	
inc	1 = ≤3000 元，2 = 3000 ~ 4999 元，3 = 5000 ~ 8999 元，4 = 9000 ~ 29999 元，5 = ≥30000 元
rec	转基因技术及食品客观认知水平（%）
rice_ eat	日均吃大米频率（顿/天）
Gmf_ know	1 = 听说过转基因食品
Gmr_ know	1 = 听说过转基因大米
Gr_ know	1 = 听说过"2012 年黄金大米事件"
cheaptalk	1 = 有友情提示
Info	1 = 环境信息，2 = 营养信息，3 = 联合信息

数据来源：来自 960 个调查样本。

　　表 5 - 21 报告了估计结果。从总体样本的估计结果来看，男性消费者转基因大米的支付意愿显著高于女性；支付意愿与年龄和受教育程度之间的关系呈现出显著的负向关系。本研究结果不同于已有研究结论，Chern 和 Rickertsen（2001）及 McCluskey 等（2003）研究表明，女性和年轻人更愿意购买转基因食品。家庭规模越大其支付意愿越低，这可能与家庭人口数越多进而了解到的转基因食品信息越多，从而对转基因食品的排斥程度越高有关。估计结果还表明，大城市消费者的转基因大米支付意愿低于小城市及以下。消费者对转基因食品、转基因大米和"2012 年黄金大米事件"了解得越多，其支付意愿则越低。虽然问卷中设计的友情提示部分降低了消费者的支付意愿，但这一影响在统计上并不显著。转基因水稻正反两方面信息对消费者支付意愿产生了负向影响，其中，"环境信息"和"营养信息"在 5% 统计水平上显著，而"联合信息"则在 10% 统计水平上不显著。此估计结果与表 5 - 18 统计汇总结果相吻合，表明消费者更加关注转基因水稻正反两方面信息中的负面信息，负面信息主导了消费者行为。

表 5-21 　　　　　　消费者转基因大米支付意愿影响因素的回归系数

	样本总体 (N=945)		"5元以上"消费者 (N=241)		"5元以下"消费者 (N=704)	
	估计系数	P>Z	估计系数	P>Z	估计系数	P>Z
性别	0.345** (0.172)	0.044	-0.279 (0.357)	0.434	0.131 (0.295)	0.656
年龄	-0.031*** (0.008)	0.000	0.023 (0.017)	0.187	-0.013 (0.014)	0.353
受教育程度	-0.364*** (0.103)	0.000	0.305 (0.214)	0.154	-0.521*** (0.178)	0.003
家庭规模	-0.233*** (0.074)	0.002	-0.014 (0.144)	0.924	-0.191 (0.125)	0.126
居住地规模	0.234** (0.096)	0.015	-0.109 (0.209)	0.602	0.503*** (0.162)	0.002
收入	0.014 (0.050)	0.782	0.254*** (0.098)	0.009	-0.293*** (0.092)	0.001
日均吃大米频率	-0.126 (0.132)	0.340	0.426 (0.282)	0.131	-0.169 (0.226)	0.454
是否听说过转基因食品	-0.575** (0.265)	0.030	-0.296 (0.506)	0.558	-0.433 (0.472)	0.360
对转基因大米的了解程度	0.300** (0.132)	0.023	0.401 (0.256)	0.119	0.682*** (0.236)	0.004
是否听说过"2012年黄金大米事件"	-0.007 (0.195)	0.971	0.749* (0.397)	0.059	-0.418 (0.334)	0.211
友情提示	-0.141 (0.169)	0.404	-0.123 (0.351)	0.726	0.288 (0.291)	0.324
环境信息	-0.445* (0.271)	0.100	-0.043 (0.539)	0.937	0.107 (0.478)	0.823
营养信息	-0.577** (0.280)	0.040	-0.347 (0.569)	0.542	-0.269 (0.492)	0.584
联合信息	-0.235 (0.263)	0.373	0.469 (0.518)	0.364	-0.152 (0.470)	0.747
常数项	2.215 (0.098)	0.000	2.293 (0.218)	0.000	3.117 (0.196)	0.000
Log likelihood	-1107.091		-316.905		-776.605	

注：括号内为标准误差，*、**和***分别表示10%、5%和1%统计水平上显著。

"5 元以上"和"5 元以下"样本估计结果显示，除家庭规模和是否听说过转基因食品两个变量外，其余各自变量的作用方向是完全相反的，而普通大米偏好者的变量作用方向与样本总体基本一致。"5 元以下"样本回归结果显示，随着消费者收入水平的提高，其对转基因大米的支付意愿呈现下降态势，表明消费者视转基因大米为经济学意义上的"劣等品"；"5 元以上"样本估计结果则显示，随着消费者收入水平的提高，其对转基因大米的支付意愿呈现上升态势，表明消费者视转基因大米为经济学意义上的"正常品"。另外，受教育程度、居住地规模以及对转基因大米的了解程度，仅对"5 元以下"样本组产生了影响。值得注意的是，三个转基因正反两方面信息以及友情提示信息对分组样本均没有显著影响。表 5 - 22 给出了消费者对转基因大米的支付意愿估值。结果显示，样本总体对转基因大米的平均支付意愿为3.381 元/公斤，转基因大米偏好者（"5 元以上"样本）的支付意愿为 5.759元/公斤，而普通大米偏好者（"5 元以下"样本）的支付意愿则仅为 1.555元/公斤。有无"友情提示"信息对支付意愿估值基本没有影响。无"友情提示"情况下的支付意愿估值为 3.378 元/公斤，有"友情提示"情况下的支付意愿则为 3.373 元/公斤，表明加入"友情提示"并没有降低虚拟商品估价中的假想交易偏差。四类信息背景下的消费者支付意愿也不尽相同，基准信息组样本的支付意愿最高为 3.799 元/公斤，营养信息组样本的支付意愿最低，仅为 3.119 元/公斤。

表 5 - 22	消费者对转基因大米的支付意愿		
	WTP（元/公斤）	样本量	Log likelihood
样本总体	3.381 (0.096)	945	-1107.091
5 元以上消费者	5.759 (0.186)	241	-316.905
5 元以下消费者	1.555 (0.169)	704	-776.605
有"友情提示"	3.373 (0.129)	465	-537.960
无"友情提示"	3.378 (0.144)	480	-566.435
基准信息	3.799 (0.218)	136	-153.154

	WTP（元/公斤）	样本量	Log likelihood
环境信息	3. 331 （0. 222）	264	− 307. 776
营养信息	3. 119 （0. 207）	229	− 251. 695
联合信息	3. 373 （0. 187）	316	− 379. 653

注：括号内为标准误差。

转基因水稻正反两方面信息内容的优缺点排列顺序对消费者支付意愿估值产生了明显影响。表 5 - 23 显示，"先缺点后优点"信息顺序排列样本的支付意愿显著低于"先优点后缺点"信息顺序排列样本。"先优点后缺点"排列顺序下的"环境信息""营养信息"和"联合信息"组样本支付意愿分别为 3. 479 元、3. 175 元及 3. 457 元，相反，"先缺点后优点"排列顺序下的"环境信息""营养信息"和"联合信息"组样本支付意愿分别为 3. 443 元、3. 049 元及 3. 276 元，上述结果与统计汇总结果（见表 5 - 23）稍有区别。

表 5 - 23　　　　　不同信息顺序下消费者转基因大米的支付意愿

		WTP（元/公斤）	样本量	Log likelihood
环境信息	先优点后缺点	3. 479 （0. 227）	136	− 159. 232
	先缺点后优点	3. 443 （0. 233）	128	− 144. 529
营养信息	先优点后缺点	3. 175 （0. 288）	112	− 120. 889
	先缺点后优点	3. 049 （0. 300）	117	− 127. 801
联合信息	先优点后缺点	3. 457 （0. 247）	160	− 188. 906
	先缺点后优点	3. 276 （0. 284）	156	− 187. 634

注：括号内为标准误差。

5. 5　基本结论

本章基于 2013 年 15 省份城镇居民的调查数据，对我国消费者对转基因食品的认知情况、接受程度及购买意愿进行了实证分析；同时测算了不同类型转基因水稻正反两方面信息对消费者的影响。基本研究结论如下：

1. 消费者的生物技术知识水平和对转基因技术及食品的认知水平十年间有了显著的提高，说明随着转基因技术研发的快速发展以及转基因技术及食品知识和信息的传播，消费者对转基因技术及食品的认知水平不断提高。但多数消费者对转基因技术的作用和效果了解得不够深入，对转基因技术及食品的态度建立在有限的知识水平上。

2. 消费者对转基因食品的态度十年间发生了较大的变化，对转基因食品的接受程度明显下降。总体来说，2013 年消费者对转基因食品的接受程度明显低于 2002 年。2002 年消费者对这四种转基因食品的平均接受程度为55.8%，而 2013 年这一比例下降到 27.7%。消费者对转基因大米的接受程度下降幅度最大，从 61.1% 下降到 23.2%，持明确反对态度的消费者比例由2002 年的 9.7% 提高到 2013 年的 30.8%，表明过去对转基因技术发展持乐观态度的研究结论不能准确反映当前消费者行为。

3. 消费者对转基因大米的支付意愿偏低，估计结果显示，样本总体的转基因大米支付意愿为 3.381 元/公斤，比普通大米的价格低 32.4%。虽然改善环境与营养的转基因水稻信息变量不显著，但改善环境的转基因水稻信息和改善营养的转基因水稻信息对消费者产生了显著的负向影响，表明消费者对转基因水稻正反两方面信息中的负面信息反应强烈。另外，转基因水稻正反两方面信息内容的优缺点排列顺序对消费者产生了明显影响，"先优点后缺点"的排列顺序显著增加了消费者的支付意愿。然而，"友情提示"信息对消费者没有显著影响。

4. 随着转基因大米价格的下降，愿意购买转基因大米的消费者比例呈上升态势，表明转基因大米消费行为符合需求法则，因此价格是影响消费者购买转基因大米的重要因素。

5. 分组样本估计结果显示，消费者是异质的。普通大米偏好者（"5 元以下"样本）视转基因大米为"次等品"，而转基因大米偏好者（"5 元以上"样本）则视转基因大米为"正常品"。

第六章 结论与政策建议

农业转基因作物监管政策与模式、媒体转基因报道以及消费者对转基因大米的态度，是决定转基因水稻商业化发展的关键因素。本文采用文本分析法，识别并剖析了我国政府有关农业转基因作物监管政策和管理模式以及媒体转基因报道内容中阻碍转基因水稻商业化发展的影响因素；基于第一手消费者调查数据，采用统计分析与计量经济学模型相结合的方法，实证分析了消费者对转基因大米的态度及其影响因素，估计了转基因水稻信息对消费者行为的影响。相关的研究结论和政策建议如下。

6.1 结论

1. 我国政府历来重视转基因技术的研发与应用，并将其列入国家科学技术发展战略中。同时，我国政府也高度重视转基因生物的安全监管，建立了与国际接轨的转基因生物安全管理法规与政府行政管理体系。随着转基因技术及食品问题的争议日趋加剧，我国政府关于转基因技术的发展战略做了相应的调整。以 2001 年国务院颁布的《农业转基因生物安全管理条例》为界限，之前我国政府对转基因生物产业化持积极推进的政策态度，而后依据"科学规划、积极研究、稳步推进、加强管理"的指导方针，我国转基因技术的发展战略由积极推进转变为谨慎推行，在一定程度上放慢了转基因生物技术产业发展的步伐。

2. 我国对转基因生物安全监管秉持积极谨慎的发展态度实行全程监管模式，有力地推动了我国农业转基因作物的产业化。但与其他国家农业转基因作物和转基因食品安全监管政策对比发现，我国农业转基因作物安全监管中存在一些有待改进的问题。一是以行政法规的形式发布的转基因生物安全监管法规立法层次低，法律效力不足，造成法律的强制力不够。二是基于品种的安全评价和烦琐的审批程序，加重了研发成本，造成商业化上市时间的拖延。三是强制定性标识制度设置不合理，会增加转基因食品和转基因稻米的生产成本和流通成本。

106

3. 虽然我国政府建立了比较健全的农业转基因作物安全监管体系，但依然存在农业转基因作物安全监管工作执行不力的问题，转基因生物安全监管事件时有发生。如湖北转基因大米违法种植、出口欧盟的大米中含有转基因成分等安全监管事件等。这些事件经媒体曝光后，对转基因技术及食品产生了负面影响。标识制度执行情况不理想，缺乏有效的监管，存在含有转基因成分的产品未按要求标识，不含转基因成分的产品故意标识（如"本产品不含转基因成分"）的情况。

4. 农业转基因作物安全监管缺乏透明度，政府和相关研发机构不能及时向公众通告转基因作物安全评价的进程。农业部每年仅在其相关网站"转基因权威关注"上发布获得安全生产证书的转基因生物品种目录，未公布具体的转基因作物品种的安全审批阶段性结果，也未能及时对媒体曝光的安全监管事件和不实言论予以公开澄清和说明，这可能会进一步造成消费者对转基因作物安全的猜忌和质疑。

5. 媒体对转基因技术及食品的科普宣传不足，正面宣传不够。《人民日报》《科技日报》《南方周末》对转基因科普知识的报道非常有限，仅占全部报道量的4.2%。虽然以《人民日报》和《科技日报》为代表的官方媒体均是以正面报道为主，但报道数量极其有限。而受众面同样广泛的都市类报纸如《南方周末》等，其对转基因技术及食品的报道基本上以负面为主，再加上非政府组织的反转基因言论等，无疑会深深地影响转基因食品包括转基因稻米的公众接受程度。

6. 2002—2013年，我国消费者对转基因技术及食品的认知有了显著的提高，但对转基因食品和转基因大米的接受程度则明显下降。2002—2013年，消费者对转基因食品的接受程度从55.8%下降到27.7%；对抗病虫害的转基因大米和改善营养的转基因大米的接受程度分别从61.1%和67.2%降为23.3%和32.3%。

7. 消费者对转基因水稻正反两方面信息中的负面信息反应过度。相关模型估计结果显示，接收基准信息的消费者转基因大米支付意愿为3.799元/公斤，而接收环境信息和营养信息的消费者支付意愿为3.331元/公斤和3.119元/公斤，表明消费者对转基因水稻正反两方面信息中的负面信息反应强烈。另外，信息内容的优缺点排列顺序也对消费者产生了明显影响，"先优点后缺点"的排列顺序显著增加了消费者支付意愿。模型结果表明，接收环境信息、营养信息和联合信息"先优点后缺点"信息的消费者支付意愿分别为3.479元/公斤、3.175元/公斤和3.457元/公斤，均高于同类信息背景下

"先缺点后优点"的 3.443 元/公斤、3.049 元/公斤和 3.279 元/公斤。

6.2 政策建议

1. 稻米是我国最重要的粮食作物，是 60% 人口的主粮和口粮，确保稻米自给是我国政府有关粮食安全问题的基本政策。我国人口众多，耕地和水资源相对稀缺，提高水稻的单位面积产量是解决稻米有效供给的主要手段。目前，常规水稻生产技术发展遇到了瓶颈，影响了水稻种植业的可持续发展。可以预见，随着转基因水稻技术的发展，涉及抗虫、抗除草剂、抗病、耐逆、品质改良、高产等性状的转基因水稻品种将会不断面世，转基因技术会成为解决 21 世纪我国稻米自给的最有力工具。因此，我国政府应制定一系列积极推进转基因水稻商业化发展的政策措施，确保我国的稻米安全供给。

2. 提高转基因作物安全监管法规的立法层次，以国家法律的形式出台转基因作物安全监管的相关法律、法规，提升监管法律的效力。同时，对安全评价的程序进行合理、有效的调整；在确保安全评价工作质量的前提下，尽量减少烦琐、重复的评价和审批程序，缩短转基因作物品种的安全审批时间，使成熟技术能尽快服务于农业生产。更新标识目录，根据不同产品设置合理的转基因标识阈值，采用转基因产品强制定量标识的政策，实行转基因食品标识的可追溯管理，明确标识责任主体。

3. 强化转基因作物安全监管工作执行力度。从研发到安全证书发放之前的各个环节，切实有效地对未上市的转基因作物品种进行严格监管，避免如 2004—2006 年湖北省违法转基因水稻种子售卖与种植活动，2005—2007 年国内农贸市场、超市销售转基因大米事件，以及欧盟农产品贸易中转基因大米混杂问题贸易争端等事件的再次发生。在合理设置转基因食品标识制度和标识阈值的前提下，严格执行转基因食品标识制度。只有如此，才能保证转基因作物安全监管工作的顺利实施，保障消费者的知情权和选择权。

4. 加强转基因技术及食品的正面宣传和信息公开、透明。政府、转基因技术研发机构以及相关的转基因技术产业部门，应强化对转基因技术及食品的正面宣传，传播科学的转基因技术和食品知识与信息，提高消费者对转基因技术及食品的认知水平和生物技术知识水平。

此外，应积极引入私人资本参与转基因水稻技术研发，建立国家和企业相辅相成的转基因技术创新体系。可以尝试将转基因水稻技术的研发资金投向企业，或者采用企业和公共研究部门通力合作的形式。利用转基因专项科研资金和企业自筹资金，逐步建立并形成规模的产、学、研一条龙的农业转基因生物技术研发中心。在一定的利益分配原则下，将转基因水稻商业化的所有生产和商业活动转交给企业来完成。

参考文献

［1］白军飞．中国城市消费者对转基因食品的接受程度和购买意愿
［D］．北京：中国农业科学院，2003．

［2］曹霞．转基因水稻媒介事件的传播学分析［D］．武汉：华中农业大
学，2011．

［3］陈健鹏．转基因作物商业化的现状、对粮食安全的影响与启示[J]．
农业经济问题，2010（2）．

［4］陈健鹏．转基因作物商业化：影响、挑战和应对［J］．战略与决
策，2010（6）．

［5］陈梦伊．稻农种植转基因水稻的意愿及影响因素——基于湖北省随
州市的调查研究［J］．中国食品与营养，2013，19（2）．

［6］邓家琼．转基因农业生物技术：性质、效应与政策［J］．华中农业
大学学报，2010（6）．

［7］董悦．转基因水稻商业化前景分析［J］．农业经济展望，2011
（3）．

［8］范存会，黄季焜．生物技术经济影响的分析方法与应用［J］．中国
农村观察，2004（1）．

［9］范存会．中国 Bt 抗虫棉的收益、成本和影响［J］．经济学（季
刊），2005（4）．

［10］巩鹏涛，黄东杰，黄昭奋．中国转基因作物机遇与挑战［J］．基
因组学与应用生物学，2009（28）．

［11］郭淑静，徐志刚，黄季焜．转基因技术采用的潜在收益研究［J］．
农业技术经济，2012（1）．

［12］郭小平．"风险传播"研究的范式转化［J］．中国传媒报告，
2006（3）．

［13］郭于华．透视转基因：一项社会人类学视角的探索［J］．中国社
会科学，2000（5）．

［14］黄季焜，胡瑞法，Hans van Meijl，Frank van Tongeren：现代农业转

基因技术对中国未来经济和全球贸易的影响［J］．中国科学基金，2002（6）．

　　［15］黄季焜，胡瑞法．转基因水稻对稻农的影响研究［J］．中国农业科技导报，2007（9）．

　　［16］黄季焜，米建伟，林海．中国10年抗虫棉大田生产：Bt抗虫棉技术采用的直接效应和间接外部效应评估［J］．中国科学，2010（3）．

　　［17］黄季焜，仇焕广．中国城市消费者对转基因食品的认知程度、接受程度和购买意愿［J］．科技与经济，2006（2）．

　　［18］黄季焜，仇焕广，白军飞，Carl Pray．中国城市消费者对转基因食品的认知程度、接受程度和购买意愿［J］．中国软科学，2006（2）．

　　［19］黄文昊，刘祖云．我国"转基因作物技术与产业化"：政策框架与价值诉求［J］．南京农业大学学报，2010（12）．

　　［20］黄媛，彭光芒．"转基因水稻风波"中网络舆论话题的演变及其特点［J］．安徽农业科学，2012（2）．

　　［21］姜萍，王思明．转基因主粮商业化争论的几点思考［J］．华中农业大学学报，2011（6）．

　　［22］姜萍．媒体如何建构转基因技术之形象——以2010年国内重要报纸的分析为例［J］．南京农业大学学报，2012（4）．

　　［23］贾鹤鹏．转基因：传播到决策［J］．生命科学，2011（2）．

　　［24］米建伟，黄季焜，胡瑞法．转基因抗虫棉推广应用与次要害虫危害的关系［J］．农业技术经济，2011（9）．

　　［25］李敏．在国际背景下对《人民日报》转基因食品和作物报道的案例研究［D］．北京：北京大学，2007．

　　［26］柳鹏程．转基因水稻商业化问题研究［J］．湖北社会科学，2006（1）．

　　［27］刘玲玲．消费者对转基因食品的认知及潜在态度初探——以转基因大米为例的个案调查［J］．农业展望，2010（8）．

　　［28］刘旭霞，于大伟．我国转基因种子市场农民认知状况调查与分析［J］．华中农业大学学报，2010（1）．

　　［29］陆群峰，肖显静．中国农业转基因生物安全政策模式的选择［J］．南京林业大学学报，2009（6）．

　　［30］吕瑞超．转基因食品信息推广中的传播渠道可信度研究［D］．武汉：华中农业大学，2010．

［31］马述忠，黄祖辉．农户、政府及转基因农产品——对我国农民转基因作物种植意向的分析［J］．中国农村经济，2003（4）．

［32］彭光芒，尤永，吕瑞超．转基因食品信息对个人态度和行为的实证研究［J］．华中农业大学学报，2010（3）．

［33］邱彩红．消费者对转基因稻米的支付意愿研究——基于实验拍卖的方法［D］．武汉：华中农业大学，2008．

［34］仇焕广，黄季焜，杨军．关于消费者对转基因技术和食品态度研究的讨论［J］．中国科技论坛，2007（3）．

［35］仇焕广，黄季焜．政府信任对消费者行为的影响研究［J］．经济研究，2007（6）．

［36］孙国庆，金芜军．中国转基因水稻的研究进展及产业化问题分析［J］．生物技术通报，2010（12）．

［37］苏军，黄季焜，乔方彬．转 Bt 抗虫棉生产的经济效益分析［J］．农业技术经济，2010（10）．

［38］苏岳静，胡瑞法，黄季焜，范存会．农民抗虫棉技术选择行为及其影响因素分析［J］．棉花学报，2004，16（5）．

［39］汤冲．中国转基因水稻商业化福利分配预估研究［D］．武汉：华中农业大学，2012．

［40］王玉清，薛达元．消费者对转基因食品认知态度的调查与分析［J］．环境保护，2005（3）．

［41］肖显静，张娇龙．中国转基因水稻产业化争论研究［J］．中国地质大学学报，2012（9）．

［42］徐家鹏，闫振宇．农民对转基因技术的认知及转基因主粮的潜在生产意愿分析［J］．中国科技论坛，2010（11）．

［43］杨万江．我国转基因水稻发展条件分析［J］．农业经济问题，2011（2）．

［44］杨莹．转基因水稻的网络事件的舆情主题分析［D］．武汉：华中农业大学，2012．

［45］张彩萍，黄季焜．现代农业转基因技术研发的政策取向［J］．农业技术经济，2002（3）．

［46］张德亮．转基因作物经济研究综述［J］．农业技术经济，2005（4）．

［47］张丽辉．中文网络中转基因食品传播存在的问题及对策研究［D］．

保定：河北大学，2011.

［48］张孝义．对转基因作物的认知及政策取向研究［D］．长春：吉林大学，2008.

［49］张银定，王琴芳，黄季焜．全球现代农业转基因技术的政策取向分析和对我国的借鉴［J］．中国农业科技导报，2001，3（6）.

［50］张哲．转基因农产品价格决定模型及其福利分析［J］．财经论丛，2005（9）.

［51］钟甫宁．消费者对转基因食品的认知情况及潜在态度初探［J］．中国农村观察，2004（1）.

［52］钟甫宁，陈希，叶锡君．转基因食品标签与消费者偏好——以南京市超市食用油实际销售数据为例［J］．经济学（季刊），2006（7）.

［53］钟甫宁，陈希．转基因食品、消费者购买行为与市场份额［J］．经济学季刊，2008（4）.

［54］Baker G. A. , and T. A. Burnham. Consumer Response to Genetically Modified Foods：Market Segment Analysis and Implications for Producers and Policy Makers［J］. Journal of Agricultural and Resource Economics, 2001, 26（2）: 387 –403.

［55］Bredahl L. , Grunert K. G, and Frewer L. J. . Consumer Attitudes and Decision – making with Regard to Genetically Engineered Food Products, A review of the Literature and a Presentation of Models for Future Research［J］. Journal of Consumer Policy, 1998（21）: 251 –277.

［56］Bredahl L. . Determinants of Consumer Attitudes and Purchase Intentions with Regards to Genetically Modified Foods – results of a Cross – national Survey［J］. Journal of Consumer Policy, 2001（24）: 23 –61.

［57］Chern W. S. , and K. Rickertsen. Consumer Acceptance of GMO：Survey Results from Japan, Norway, Taiwan, and United States［J］. A Working Paper, 2002（7）.

［58］Corrigan J. R. , Dinah Pura T. Depositario, Rodolfo M. , et al. . Comparing Open – ended Choice Experiments and Experimental Auctions：an Application to Golden Rice［J］. American Journal Agricultural Economics, 2009（91）: 837 –853.

［59］Curtis K. R. , McCluskey J. J. , Wahl T. I. . Consumer Acceptance of Genetically Modified Food Products in the Developing World［J］. AgBioForum,

2004，7（1&2）：70－75.

[60] Fulton M. , and Giannakas K. . Inserting GM Products into the Food Chain: The Market and Welfare Effects of Different Labeling and Regulatory Regimes [J]. American Journal Agricultural Economics, 2004（186）：42－60.

[61] Fulton M. , and Keyoeski L. . The Producer Benefits of Herbicide－Resistant Canola [J]. AgBio Forum, 1999（12）：85－93.

[62] Gaskell G. , Allum N. , and States S. . Europeans and Biotechnology in 2002. Euro barometer, 58.0: A Report to the EC Directorate General for Research from the Project "Life Sciences in European Society", QLG7－CT－1999－00286 [R], 2003.

[63] Hallman W K, Adelaja A. , Schiling B. , and Lang J. T. . Consumer Beliefs, Attitudes and Preferences Regarding Agricultural Biotechnology [R]. Food Policy Institute Report, Rutgers University, New Brunswick, 2002.

[64] Huffman W. E. , Shogren J. F, Tegene A. . The Effects of Prior Beliefs and Learning on Consumers Acceptance of Genetically Modified Foods [J]. Journal of Economic Behavior & Organization , 2007（63）：193－206.

[65] Hoban T. J. . Consumer Acceptance of Biotechnology: An International Perspective [J]. Nature Biotechnology, 1997（15）：232－234.

[66] Hoban T. J. , and Miller J. . Consumer Images and Impressions [A]. Paper Presented at the Annual Meetings of the American Association for the Advancement of Science, Philadelphia, P. A. , 1998.

[67] Hossain F. , Onyango B. , Adelaja A. , et al. . Product Attributes Consumer Benefits and Public Approval of Genetically Modified Foods [J]. International Journal of Consumer Studies, 2003（27）：353－365.

[68] Hossain F. , Onyango B. , Adelaja A. , et al. . Uncovering Factors Influencing Public Perceptions of Food Biotechnology [D]. Food Policy Institute Working Paper 0602－003, 2002.

[69] Jaeger S. R. , Lusk J. L. , et al. . The Use of Non－hypothetical Experimental Markets for Measuring the Acceptance of Genetically Modified Foods [J]. Food Quality and Preference Fifth Rose Marie Pangborn Sensory Science Symposium, 2004, 15（7－8）：701－714.

[70] Lence S. H. , and Hayes D. J. . Genetically Modified Crops: Their Market and Welfare Impacts [J]. American Journal of Agriculture Economics, 2005

(4)：931 – 950.

［71］Li Q. , Curtis K. R. , McCluskey J. J. , et al. . Consumer Attitudes towards Biotech Foods in China ［J］. Journal of International Food & Agribusiness Marketing, 2006 (18)：178 – 203.

［72］Lusk J. , Roosen J. , and Fox J. . Demand for Beef from Cattle Administered Growth Hormones or Fed Genetically Modified Corn：A comparison of Consumers in France, Germany, the United Kingdom, and the United States ［J］. American Journal of Agricultural Economics, 2003 (1)：16 – 29.

［73］Lusk J. , Feldkamp T. , and Schroeder C. T. . Experimental Auction Procedure Impact on Valuation of Quality differentiated Goods ［J］. American Journal of Agricultural Economics, 2003 (85)：16 – 29.

［74］Lusk J. , Traill W. B. , et al. . Comparative Advantage in Demand：Experimental Evidence of Preference for Genetically Modified Food in the United States and European Union ［J］. Journal of Agricultural and Resource Economics, 2006 (85)：1 – 21.

［75］Macer D. , and M. A. Chen Ng. . Changing Attitudes to Biotechnology in Japan ［J］. Nature Biotechnology, Vol. 18, 2000 (13)：945 – 947.

［76］Lusk J. , Daniel M. S. . Alternative Calibration and Auction Institutions for Predicting Consumer Willingness to Pay for Non – genetically Modified Corn Chips ［J］. Journal of Agricultural and Resource Economics, 2001 (26)：40 – 57.

［77］Moon W. , Balasubramanian S. K. . Public Attitudes towards Agri Biotechnology：the Mediating Role of Risk Perceptions on the Impacts of Trust, Awareness and Courage ［J］. Review of Agricultural Economics , 2004 (26)：186 – 208.

［78］Morris S. H, and Adley C. C. Irish Public Perceptions and Attitudes to Modern Biotechnology：an Overviews with a Focus on GM foods. Trends in Biotechnology, 2001 (2)：43 – 48.

［79］Noussair C. , Robin S. , et al. . Do consumer Really Refuse to Buy Genetically Modified Food? The Economic Journal, 2004 (492)：102 – 120.

［80］Parrlberg. Governing the GM Crop Revolution：Policy Choices for Developing Countries ［D］. Discussion Paper, 33. International Food Policy Research Institute, 2001.

[81] Pinstrup – Andersen P. , and Cohen M. J. . Rich and Poor Country Perspective on biotechnology [A]. Prepared for workshop on "Agricultural Biotechnology: Markets and Policies in an International Setting [C]. Adelaide, Australia, January 22, 2001.

[82] Rousu M. , Monchuk D. , Shogren J. , et al. . Consumer Perceptions of Labels and the Willingness to Pay for Second – Generation Genetically Modified Products [J]. Journal of Agricultural and Applied Economics, 2005 (37): 647 –57.

[83] Tegene A. , Huffman W. E. , Rousu M. , et al. . The Effects of Information on Consumer Demand for Biotech Foods: Evidence from Experimental Auctions [R]. Washington, DC: U. S. Department of Agriculture, ERS Research Briefs Technical Number1903, 2003.

附录一

2018 年农业科教环能工作要点

2018 年，农业科教环能工作总体思路是：以习近平新时代中国特色社会主义思想为指导，深入贯彻党的十九大精神，认真落实中央农村工作会议、中央 1 号文件和全国农业工作会议、农业部 1 号文件精神，按照质量兴农、绿色兴农和效益优先的要求，以农业供给侧结构性改革为主线，大力实施乡村振兴科技支撑行动，加快农业科技创新与推广应用，加强新型职业农民培育，打好农业面源污染防治攻坚战，以试点创建和模式探索示范引领农业绿色发展，以科技创新和制度创新"双轮驱动"农业农村现代化，努力开创农业科教环能事业新局面。

一、以优化布局和机制创新为抓手，持续提升农业科技供给水平

1. 启动乡村振兴科技支撑行动。瞄准国际前沿，强化生物遗传改良、土壤演变规律、资源高效利用等基础研究，重点突破农业合成生物学、作物高光效育种、物联网等 10 项前沿颠覆性技术。深入实施转基因生物新品种培育重大专项，加快基因组编辑、多基因聚合等新技术研究，培育突破性重大产品。瞄准制约产业转型升级的重大瓶颈，攻克劳动替代型与自动化、农业废弃物循环利用、农业绿色投入品等 20 项核心关键技术，支撑引领乡村产业兴旺。瞄准大宗农产品、名特优新产品等提质增效，集成应用 100 项技术模式与装备，培育一批新产业新业态。依托已创建的"三区三园"、美丽休闲乡村等，集聚优势资源，在全国打造 1000 个科技引领乡村振兴示范样板。

2. 强化现代农业产业技术体系建设。围绕乡村振兴对科技成果的迫切需求，加快体系创新导向重大转变和服务重心重大调整，着力加强减量高效技术、生态循环模式、智能农机装备、绿色标准规范等技术创新和试验示范。加强运行管理，以解决产业实际问题为导向，完善行业部门对体系"提问题、定任务、作评价"的考核评价机制。加强体系之间的联合协作，构建共

性技术横向协同创新机制。加强体系地方创新团队建设，承接体系研发成果，因地制宜开展名特优新产品研发，加快推进体系成果的集成熟化与推广应用。充分发挥体系人才和智力优势，为政府决策提供咨询服务和应急支撑。

3. 做强国家农业科技创新联盟。推动联盟积极参与乡村振兴科技支撑行动，重点打造 20 个标杆联盟。聚焦西北旱区生态循环、东北地区秸秆综合利用、南方稻区重金属污染防治等区域难题，优质奶业、谷物收获机械、深蓝渔业等产业技术瓶颈，推动联盟在技术攻关和模式创新上取得突破。聚焦产学研用实质性融合，推动农业废弃物资源化利用等联盟构建实体化运行机制，小麦赤霉病综合防控等联盟完善一体化协作机制，农业大数据等联盟健全共建共享机制。拓宽支持渠道，构建财政经费、企业资金、社会资本等多元投入机制。规范联盟管理，确保联盟目标聚焦、任务明确、运转高效、持续发展。

4. 建好现代农业产业科技创新中心。以科技创新为基础、产业化为方向，促进创新要素集聚、关键技术集成、关联企业集中、优势产业集群，打造现代农业硅谷和区域经济增长极。按照先建、后认、再挂牌和建一个成一个的要求，继续指导江苏南京、山西太谷、四川成都等 3 个产业科技创新中心，强化政府支持、出台配套政策、吸纳创新资源，力争建成创新能力强、龙头企业强、辐射带动强的示范样板。指导意向创建的产业科技创新中心，明确建设思路，完善建设方案，聚焦地方产业发展需求，适时启动新的产业科技创新中心建设。

5. 推进农业基础性长期性科技工作。继续开展国家农业科学实验站建设，按照任务合同要求，指导做好长期定位观测监测工作。在布局试运行站点基础上，首批确定命名 36 个站点，综合考虑学科布局完整性和区域代表性，适时增加命名站点数量，并给予优先支持。加强农业科学数据中心和分中心建设，提升数据管理的规范化和信息化水平。加强制度建设，适时出台国家农业科学实验站、农业科学数据等管理办法。强化观测监测能力建设，进一步提升条件保障水平。

6. 深化农业科技体制机制改革。遴选部分科研院所开展分类评价改革试点，将科技与产业的关联度、科技自身的创新度、科技对产业的贡献度纳入评价标准，转变创新导向，增强创新活力。开展科技成果权益改革试点，推动科研机构完善科技成果使用、处置、收益管理制度，落实依法赋权、分类管理等机制，激发科技人员创新创业积极性。科学确定部属研究院所事业单位分类改革方案，妥善处理拟转企研究所遗留问题。加大农业知识产权保护力度，发布《中国农业知识产权创造指数报告（2017 年)》，保护科技人员权益。

7. 加强农业转基因生物安全管理。按照农业转基因生物监管工作方案，狠抓研究试验、南繁基地、育制种基地监管，坚决打击非法种植。强化进口转基因农产品流向监管，建立追溯体系。完善约谈、督导、巡查、信息报送等机制，强化责任追究和案件曝光。组建全国农业科普传播联盟，以"讲好基因的故事"为主题，鼓励开展科普创意大赛。组织全国巡回宣讲活动，持续开展网络宣传与常态化科普，持续推进进校园、进课堂、进社区等科普活动。

二、以激发活力和提升效能为目标，着力加快农业技术推广与转化

8. 推动基层农技推广体系改革创新。探索公益性推广与经营性服务融合发展机制，引导农技人员为新型农业经营和服务主体提供技术承包、技术转让、技术咨询等形式增值服务，并合理取酬。推动农业科研院校发挥科技和人才优势，加快科技成果转化应用，优化技术推广服务，加强农业农村人才培育。通过购买服务等方式，支持有资质的市场化主体从事可量化、易监管的农技推广服务。推动农技推广补助项目转型升级，创新支持方式，优化实施任务，实行全程绩效管理，对 15% 项目县进行实地考评，加大实施绩效所占权重。

9. 开展农业重大技术协同推广计划试点。选择部分省份，以重大技术为主线，支持农业科研院校、推广机构、新型农业经营主体等优势互补、分工协作，组建技术指导服务团队，建设农业技术试验示范基地，开展农业重大技术集成熟化和示范推广，完善"农业科研试验基地＋区域示范展示基地＋基层农技推广站点＋新型农业经营主体"的链条式农业技术推广服务模式，实现农技服务与生产需求有效对接。

10. 加大农技推广服务特聘计划实施力度。在贫困地区特别是"三区三州"深度贫困地区以及其他有需求地区，从农业乡土专家、种养能手、新型农业经营主体技术骨干、科研教学单位一线服务人员中招募一批特聘农技员，帮助贫困农户科学发展特色产业，开展技术指导服务，宣传脱贫攻坚政策，激发贫困地区群众脱贫致富的内在活力。

11. 推广绿色高效技术模式。组织推广 10 项重大引领性农业技术，加强集成熟化，开展示范展示，组织观摩交流。遴选推介 100 项优质安全、节本

增效、绿色环保的农业部主推技术。结合农业部主推技术和本省农业产业发展需要，各省农业部门组织示范推广 3～5 个绿色高效技术模式，以县域为单元，形成技术操作规范，落实到试验示范基地、农技人员和示范主体，实现技术快速入户到田。

12. 做好农技推广信息化服务。加强农技推广信息平台建设，推动专家、农技人员和服务对象在线学习、互动交流，提高中国农技推广 APP 在农技人员中的覆盖面和使用率。充分利用信息化手段，开展农技人员业务培训管理、项目绩效考评等工作。通过互联网、移动通信、广播电视等渠道，组织先进适用农业技术的推送，为广大农民和新型农业经营主体提供精准实时的指导服务。

三、以完善政策和提高质量为重点，大力培育新型职业农民

13. 推进全面建立职业农民制度。会同相关部门，研究制定以职业认证、教育培训、定向扶持等为核心内容的职业农民制度体系，推动出台专门文件。抓好一批全国职业农民制度建设示范省、示范市和示范县，加快完善配套政策，创新体制机制，将新型职业农民培育工作纳入农业农村经济考核，推动地方确立职业农民制度框架。

14. 壮大新型职业农民队伍。依托新型职业农民培育工程，大力实施现代青年农场主培养计划、新型农业经营主体带头人轮训计划、农村实用人才带头人培训计划和农业产业精准扶贫培训计划。2018 年培训 100 万人以上，重点是面向粮食等重要农产品生产，培育新型农业经营主体带头人和农机、植保等专业化服务人员；面向名特优新产品生产，培育专业技能型人员；面向休闲观光等新产业新业态，培育管理经营型人员。

15. 完善新型职业农民培育模式。采取"一点两线全程分段"方式，分层分类分模块，切实提高培育的针对性、规范性和有效性。探索政企合作模式，采取政府购买服务等方式，支持农民专业合作社、龙头企业、农业职业教育集团承担培育任务。支持新型职业农民采取"弹性学制、农学交替"的方式，接受中高等职业教育。

16. 提升新型职业农民培育条件能力。统筹利用农广校、涉农院校、农业科研院所、农技推广机构等各类教育培训资源，加快构建"专门机构＋多方资源＋市场主体"的农民教育培训体系。充分运用信息化手段，开展在线学习、在线服务和在线考核，实现培育工作线上线下融合发展。继续认定一批全国新型职业农民培育示范基地，加强标准规范、名师队伍、精品课程和

教材建设。

四、以降低环境污染和提高资源利用水平为要求，坚决打赢农业面源污染防治攻坚战

17. 实施秸秆综合利用行动。指导各地以县为单元编制全量化利用实施方案，提高秸秆处理利用的区域统筹水平。构建政府、企业、农民三方利益联结机制，集成推广一批县域秸秆全量化利用模式。建设 150 个秸秆综合利用试点县，打造 20 个典型示范样板。分区域、分作物、分层级，举办现场交流活动。编制秸秆利用政策清单，培育壮大市场主体，建立五料化利用长效机制。

18. 抓实地膜回收行动。加大农用地膜新国家标准宣贯力度，加快加厚地膜推广应用。研究制定地膜污染防治办法。做好 100 个地膜治理示范县建设，构建加厚地膜推广应用与地膜回收补贴挂钩机制，开展地膜生产者责任延伸制度试点。培育地膜回收市场主体，不断完善农膜回收体系。加大地膜捡拾机具、资源化利用技术等研发和示范力度，继续开展可降解地膜对比试验。

19. 强化耕地土壤污染防治。在江苏、河南、湖南开展耕地土壤环境质量类别划分试点，探索推进污染耕地分类管理。分区域、分作物品种制定污染耕地安全利用技术要求，开展利用试点。划定特定农产品禁止生产区，严格管控重度污染耕地。继续实施湖南长株潭地区重金属污染耕地修复与种植结构调整试点。

20. 探索绿色低碳循环农业模式。开展生态循环农业试点县（园）创建，抓好 100 个以沼气为纽带的生态循环农业示范点建设，推动果沼畜种养循环发展。指导生态循环农业试点省、示范市、示范基地建设，推广生态循环农业技术、模式。强化政策扶持和科技供给，构建产业链主体利益链接机制，培育绿色低碳循环农业企业，打造产业化发展的"领跑者"和行业"标杆"。

21. 发展农村可再生能源。出台《关于加快推进农村可再生能源发展的意见》。建设 100 个农村可再生能源综合示范村，多能互补，因地制宜推广生物质能、太阳能、农村节能等技术。加强已建农村沼气工程的安全生产管理，妥善处置废弃农村沼气设施。盘活已建户用沼气，拓展功能，推进农村厕所革命。实施秸秆气化农村清洁能源利用工程，进一步拓宽农村清洁能源供给渠道。建设一批秸秆打捆直燃清洁供暖示范点。组织农村清洁炉具博览展示会，编制发布《清洁炉灶升级换代发展规划》。

22. 加强农业生物多样性保护。加快推动外来物种管理立法，完善国家重点管理外来入侵物种名录。强化外来入侵物种风险评估、监测预警与综合防控，示范推广生物天敌防治与生物替代技术。加大珍稀濒危农业野生植物资源保护力度，推动制定第二批国家重点保护野生植物名录，开展重点保护物种资源调查与抢救性收集，继续实施农业野生植物原生境保护工程。

23. 组织农业环境监测调查。切实做好第二次全国农业污染源普查。以农田氮磷和畜禽养殖排放为重点，开展农业面源污染例行监测，布设耕地土壤环境质量监测国控点，开展耕地土壤环境质量和农产品协同监测，完善农业环境监测网，掌握农业环境质量总体状况和变化趋势。

24. 强化农业资源环境保护绩效考核。制定农业环境监测评价指标体系，科学设置农业投入品强度、废弃物综合利用程度、污染物减排效果等指标，开展以省、县为单位的年度评价试点。紧紧围绕"一控两减三基本"目标任务，做好12个省农业面源污染延伸绩效考核，压实工作责任，形成农业环境保护压力传导机制。

五、以思想政治和作风建设为主线，打造坚强有力的农业科教环能工作队伍

25. 围绕中心谋划工作。坚持用习近平新时代中国特色社会主义思想和党的十九大精神武装头脑，牢固树立"四个意识"，不断增强"四个自信"，自觉在思想上政治上行动上与以习近平同志为核心的党中央保持高度一致。全面落实党中央、国务院实施乡村振兴战略的各项决策部署，紧紧围绕农业部党组中心工作，推进农业科教环能工作取得新成效。

26. 改进政风行风。从机关政风建设、科研学风建设、系统行风建设三个层面入手，加强党员干部的教育、管理、监督，进一步提升全系统规范化管理水平。组织向王一成和最美农技员等先进典型学习活动，以榜样引导系统党员干部践行"一懂两爱"要求。把党风廉政建设放在突出位置，与科教环能工作同部署、同落实、同检查、同考核。

27. 大兴调查研究。坚持问题导向，围绕推进农业科技创新、基层农技推广体系改革、新型职业农民培育、农业面源污染治理等工作重点难点问题，引导组织系统党员干部尤其是领导班子成员，聚焦调研主题、安排专门时间、切实沉下身子，深入基层听真话、察实情、获真知，发现和总结基层鲜活经验。完善调研成果交流共享和转化应用机制，切实把调研成果作为科学决策的重要依据，转化为推动工作的具体措施。

农业转基因生物安全管理条例

(2001 年 5 月 23 日中华人民共和国国务院令第 304 号发布
根据 2011 年 1 月 8 日《国务院令关于废止和修改部分行政法规的决定》修订
根据 2017 年 10 月 7 日《国务院关于修改部分行政法规的决定》修订)

第一章　总则

第一条　为了加强农业转基因生物安全管理，保障人体健康和动植物、微生物安全，保护生态环境，促进农业转基因生物技术研究，制定本条例。

第二条　在中华人民共和国境内从事农业转基因生物的研究、试验、生产、加工、经营和进口、出口活动，必须遵守本条例。

第三条　本条例所称农业转基因生物，是指利用基因工程技术改变基因组构成，用于农业生产或者农产品加工的动植物、微生物及其产品，主要包括：

（一）转基因动植物（含种子、种畜禽、水产苗种）和微生物；

（二）转基因动植物、微生物产品；

（三）转基因农产品的直接加工品；

（四）含有转基因动植物、微生物或者其产品成分的种子、种畜禽、水产苗种、农药、兽药、肥料和添加剂等产品。

本条例所称农业转基因生物安全，是指防范农业转基因生物对人类、动植物、微生物和生态环境构成的危险或者潜在风险。

第四条　国务院农业行政主管部门负责全国农业转基因生物安全的监督管理工作。

县级以上地方各级人民政府农业行政主管部门负责本行政区域内的农业转基因生物安全的监督管理工作。

县级以上各级人民政府有关部门依照《中华人民共和国食品安全法》的有关规定，负责转基因食品安全的监督管理工作。

第五条　国务院建立农业转基因生物安全管理部际联席会议制度。

农业转基因生物安全管理部际联席会议由农业、科技、环境保护、卫生、外经贸、检验检疫等有关部门的负责人组成，负责研究、协调农业转基因生物安全管理工作中的重大问题。

第六条　国家对农业转基因生物安全实行分级管理评价制度。

农业转基因生物按照其对人类、动植物、微生物和生态环境的危险程度，分为Ⅰ、Ⅱ、Ⅲ、Ⅳ四个等级。具体划分标准由国务院农业行政主管部门制定。

第七条　国家建立农业转基因生物安全评价制度。

农业转基因生物安全评价的标准和技术规范，由国务院农业行政主管部门制定。

第八条　国家对农业转基因生物实行标识制度。

实施标识管理的农业转基因生物目录，由国务院农业行政主管部门商国务院有关部门制定、调整并公布。

第二章　研究与试验

第九条　国务院农业行政主管部门应当加强农业转基因生物研究与试验的安全评价管理工作，并设立农业转基因生物安全委员会，负责农业转基因生物的安全评价工作。

农业转基因生物安全委员会由从事农业转基因生物研究、生产、加工、检验检疫以及卫生、环境保护等方面的专家组成。

第十条　国务院农业行政主管部门根据农业转基因生物安全评价工作的需要，可以委托具备检测条件和能力的技术检测机构对农业转基因生物进行检测。

第十一条　从事农业转基因生物研究与试验的单位，应当具备与安全等级相适应的安全设施和措施，确保农业转基因生物研究与试验的安全，并成立农业转基因生物安全小组，负责本单位农业转基因生物研究与试验的安全工作。

第十二条　从事Ⅲ、Ⅳ级农业转基因生物研究的，应当在研究开始前向国务院农业行政主管部门报告。

第十三条　农业转基因生物试验，一般应当经过中间试验、环境释放和生产性试验三个阶段。中间试验，是指在控制系统内或者控制条件下进行的小规模试验。环境释放，是指在自然条件下采取相应安全措施所进行的中规模的试验。生产性试验，是指在生产和应用前进行的较大规模的试验。

第十四条　农业转基因生物在实验室研究结束后，需要转入中间试验的，试验单位应当向国务院农业行政主管部门报告。

第十五条　农业转基因生物试验需要从上一试验阶段转入下一试验阶段

的，试验单位应当向国务院农业行政主管部门提出申请；经农业转基因生物安全委员会进行安全评价合格的，由国务院农业行政主管部门批准转入下一试验阶段。

试验单位提出前款申请，应当提供下列材料：

（一）农业转基因生物的安全等级和确定安全等级的依据；

（二）农业转基因生物技术检测机构出具的检测报告；

（三）相应的安全管理、防范措施；

（四）上一试验阶段的试验报告。

第十六条 从事农业转基因生物试验的单位在生产性试验结束后，可以向国务院农业行政主管部门申请领取农业转基因生物安全证书。

试验单位提出前款申请，应当提供下列材料：

（一）农业转基因生物的安全等级和确定安全等级的依据；

（二）生产性试验的总结报告；

（三）国务院农业行政主管部门规定的试验材料、检测方法等其他材料。

国务院农业行政主管部门收到申请后，应当委托具备检测条件和能力的技术检测机构进行检测，并组织农业转基因生物安全委员会进行安全评价；安全评价合格的，方可颁发农业转基因生物安全证书。

第十七条 转基因植物种子、种畜禽、水产苗种，利用农业转基因生物生产的或者含有农业转基因生物成分的种子、种畜禽、水产苗种、农药、兽药、肥料和添加剂等，在依照有关法律、行政法规的规定进行审定、登记或者评价、审批前，应当依照本条例第十六条的规定取得农业转基因生物安全证书。

第十八条 中外合作、合资或者外方独资在中华人民共和国境内从事农业转基因生物研究与试验的，应当经国务院农业行政主管部门批准。

第三章 生产与加工

第十九条 生产转基因植物种子、种畜禽、水产苗种，应当取得国务院农业行政主管部门颁发的种子、种畜禽、水产苗种生产许可证。

生产单位和个人申请转基因植物种子、种畜禽、水产苗种生产许可证，除应当符合有关法律、行政法规规定的条件外，还应当符合下列条件：

（一）取得农业转基因生物安全证书并通过品种审定；

（二）在指定的区域种植或者养殖；

（三）有相应的安全管理、防范措施；

（四）国务院农业行政主管部门规定的其他条件。

第二十条　生产转基因植物种子、种畜禽、水产苗种的单位和个人，应当建立生产档案，载明生产地点、基因及其来源、转基因的方法以及种子、种畜禽、水产苗种流向等内容。

第二十一条　单位和个人从事农业转基因生物生产、加工的，应当由国务院农业行政主管部门或者省、自治区、直辖市人民政府农业行政主管部门批准。具体办法由国务院农业行政主管部门制定。

第二十二条　从事农业转基因生物生产、加工的单位和个人，应当按照批准的品种、范围、安全管理要求和相应的技术标准组织生产、加工，并定期向所在地县级人民政府农业行政主管部门提供生产、加工、安全管理情况和产品流向的报告。

第二十三条　农业转基因生物在生产、加工过程中发生基因安全事故时，生产、加工单位和个人应当立即采取安全补救措施，并向所在地县级人民政府农业行政主管部门报告。

第二十四条　从事农业转基因生物运输、贮存的单位和个人，应当采取与农业转基因生物安全等级相适应的安全控制措施，确保农业转基因生物运输、贮存的安全。

第四章　经营

第二十五条　经营转基因植物种子、种畜禽、水产苗种的单位和个人，应当取得国务院农业行政主管部门颁发的种子、种畜禽、水产苗种经营许可证。

经营单位和个人申请转基因植物种子、种畜禽、水产苗种经营许可证，除应当符合有关法律、行政法规规定的条件外，还应当符合下列条件：

（一）有专门的管理人员和经营档案；

（二）有相应的安全管理、防范措施；

（三）国务院农业行政主管部门规定的其他条件。

第二十六条　经营转基因植物种子、种畜禽、水产苗种的单位和个人，应当建立经营档案，载明种子、种畜禽、水产苗种的来源、贮存，运输和销售去向等内容。

第二十七条　在中华人民共和国境内销售列入农业转基因生物目录的农业转基因生物，应当有明显的标识。

列入农业转基因生物目录的农业转基因生物，由生产、分装单位和个人负责标识；未标识的，不得销售。经营单位和个人在进货时，应当对货物和标识进行核对。经营单位和个人拆开原包装进行销售的，应当重新标识。

第二十八条　农业转基因生物标识应当载明产品中含有转基因成分的主要原料名称；有特殊销售范围要求的，还应当载明销售范围，并在指定范围内销售。

第二十九条　农业转基因生物的广告，应当经国务院农业行政主管部门审查批准后，方可刊登、播放、设置和张贴。

第五章　进口与出口

第三十条　从中华人民共和国境外引进农业转基因生物用于研究、试验的，引进单位应当向国务院农业行政主管部门提出申请；符合下列条件的，国务院农业行政主管部门方可批准：

（一）具有国务院农业行政主管部门规定的申请资格；

（二）引进的农业转基因生物在国（境）外已经进行了相应的研究、试验；

（三）有相应的安全管理、防范措施。

第三十一条　境外公司向中华人民共和国出口转基因植物种子、种畜禽、水产苗种和利用农业转基因生物生产的或者含有农业转基因生物成分的植物种子、种畜禽、水产苗种、农药、兽药、肥料和添加剂的，应当向国务院农业行政主管部门提出申请；符合下列条件的，国务院农业行政主管部门方可批准试验材料入境并依照本条例的规定进行中间试验、环境释放和生产性试验：

（一）输出国家或者地区已经允许作为相应用途并投放市场；

（二）输出国家或者地区经过科学试验证明对人类、动植物、微生物和生态环境无害；

（三）有相应的安全管理、防范措施。

生产性试验结束后，经安全评价合格，并取得农业转基因生物安全证书后，方可依照有关法律、行政法规的规定办理审定、登记或者评价、审批手续。

第三十二条　境外公司向中华人民共和国出口农业转基因生物用作加工原料的，应当向国务院农业行政主管部门提出申请，提交国务院农业行政主管部门要求的试验材料、检测方法等材料；符合下列条件，经国务院农业行政主管部门委托的、具备检测条件和能力的技术检测机构检测确认对人类、动植物、微生物和生态环境不存在危险，并经安全评价合格的，由国务院农业行政主管部门颁发农业转基因生物安全证书：

（一）输出国家或者地区已经允许作为相应用途并投放市场；

（二）输出国家或者地区经过科学试验证明对人类、动植物、微生物和生态环境无害；

（三）有相应的安全管理、防范措施。

第三十三条　从中华人民共和国境外引进农业转基因生物的，或者向中华人民共和国出口农业转基因生物的，引进单位或者境外公司应当凭国务院农业行政主管部门颁发的农业转基因生物安全证书和相关批准文件，向口岸出入境检验检疫机构报检；经检疫合格后，方可向海关申请办理有关手续。

第三十四条　农业转基因生物在中华人民共和国过境转移的，应当遵守中华人民共和国有关法律、行政法规的规定。

第三十五条　国务院农业行政主管部门应当自收到申请人申请之日起270日内做出批准或者不批准的决定，并通知申请人。

第三十六条　向中华人民共和国境外出口农产品，外方要求提供非转基因农产品证明的，由口岸出入境检验检疫机构根据国务院农业行政主管部门发布的转基因农产品信息，进行检测并出具非转基因农产品证明。

第三十七条　进口农业转基因生物，没有国务院农业行政主管部门颁发的农业转基因生物安全证书和相关批准文件的，或者与证书、批准文件不符的，作退货或者销毁处理。进口农业转基因生物不按照规定标识的，重新标识后方可入境。

第六章　监督检查

第三十八条　农业行政主管部门履行监督检查职责时，有权采取下列措施：

（一）询问被检查的研究、试验、生产、加工、经营或者进口、出口的单位和个人、利害关系人、证明人，并要求其提供与农业转基因生物安全有关的证明材料或者其他资料；

（二）查阅或者复制农业转基因生物研究、试验、生产、加工、经营或者进口、出口的有关档案、账册和资料等；

（三）要求有关单位和个人就有关农业转基因生物安全的问题做出说明；

（四）责令违反农业转基因生物安全管理的单位和个人停止违法行为；

（五）在紧急情况下，对非法研究、试验、生产、加工，经营或者进口、出口的农业转基因生物实施封存或者扣押。

第三十九条　农业行政主管部门工作人员在监督检查时，应当出示执法证件。

第四十条　有关单位和个人对农业行政主管部门的监督检查，应当予以支持、配合，不得拒绝、阻碍监督检查人员依法执行职务。

第四十一条　发现农业转基因生物对人类、动植物和生态环境存在危险时，国务院农业行政主管部门有权宣布禁止生产、加工、经营和进口，收回农业转基因生物安全证书，销毁有关存在危险的农业转基因生物。

第七章　罚则

第四十二条　违反本条例规定，从事Ⅲ、Ⅳ级农业转基因生物研究或者进行中间试验，未向国务院农业行政主管部门报告的，由国务院农业行政主管部门责令暂停研究或者中间试验，限期改正。

第四十三条　违反本条例规定，未经批准擅自从事环境释放、生产性试验的，已获批准但未按照规定采取安全管理、防范措施的，或者超过批准范围进行试验的，由国务院农业行政主管部门或者省、自治区、直辖市人民政府农业行政主管部门依据职权，责令停止试验，并处1万元以上5万元以下的罚款。

第四十四条　违反本条例规定，在生产性试验结束后，未取得农业转基因生物安全证书，擅自将农业转基因生物投入生产和应用的，由国务院农业行政主管部门责令停止生产和应用，并处2万元以上10万元以下的罚款。

第四十五条　违反本条例第十八条规定，未经国务院农业行政主管部门批准，从事农业转基因生物研究与试验的，由国务院农业行政主管部门责令立即停止研究与试验，限期补办审批手续。

第四十六条　违反本条例规定，未经批准生产、加工农业转基因生物或者未按照批准的品种、范围、安全管理要求和技术标准生产、加工的，由国务院农业行政主管部门或者省、自治区、直辖市人民政府农业行政主管部门依据职权，责令停止生产或者加工，没收违法生产或者加工的产品及违法所得；违法所得10万元以上的，并处违法所得1倍以上5倍以下的罚款；没有违法所得或者违法所得不足10万元的，并处10万元以上20万元以下的罚款。

第四十七条　违反本条例规定，转基因植物种子、种畜禽、水产苗种的生产、经营单位和个人，未按照规定制作、保存生产、经营档案的，由县级以上人民政府农业行政主管部门依据职权，责令改正，处 1000 元以上 1 万元以下的罚款。

第四十八条　违反本条例规定，未经国务院农业行政主管部门批准，擅自进口农业转基因生物的，由国务院农业行政主管部门责令停止进口，没收已进口的产品和违法所得；违法所得 10 万元以上的，并处违法所得 1 倍以上 5 倍以下的罚款；没有违法所得或者违法所得不足 10 万元的，并处 10 万元以上 20 万元以下的罚款。

第四十九条　违反本条例规定，进口、携带、邮寄农业转基因生物未向口岸出入境检验检疫机构报检的，由口岸出入境检验检疫机构比照进出境动植物检疫法的有关规定处罚。

第五十条　违反本条例关于农业转基因生物标识管理规定的，由县级以上人民政府农业行政主管部门依据职权，责令限期改正，可以没收非法销售的产品和违法所得，并可以处 1 万元以上 5 万元以下的罚款。

第五十一条　假冒、伪造、转让或者买卖农业转基因生物有关证明文书的，由县级以上人民政府农业行政主管部门依据职权，收缴相应的证明文书，并处 2 万元以上 10 万元以下的罚款；构成犯罪的，依法追究刑事责任。

第五十二条　违反本条例规定，在研究、试验、生产、加工、贮存、运输、销售或者进口、出口农业转基因生物过程中发生基因安全事故，造成损害的，依法承担赔偿责任。

第五十三条　国务院农业行政主管部门或者省、自治区、直辖市人民政府农业行政主管部门违反本条例规定核发许可证、农业转基因生物安全证书以及其他批准文件的，或者核发许可证、农业转基因生物安全证书以及其他批准文件后不履行监督管理职责的，对直接负责的主管人员和其他直接责任人员依法给予行政处分；构成犯罪的，依法追究刑事责任。

第八章　附则

第五十四条　本条例自公布之日起施行。

农业转基因生物进口安全管理办法

(2002 年 1 月 5 日农业部令第 9 号公布，2004 年 7 月 1 日农业部令第 38 号、2017 年 11 月 30 日农业部令 2017 年第 8 号修订)

第一章 总 则

第一条 为了加强对农业转基因生物进口的安全管理，根据《农业转基因生物安全管理条例》（以下简称《条例》）的有关规定，制定本办法。

第二条 本办法适用于在中华人民共和国境内从事农业转基因生物进口活动的安全管理。

第三条 农业部负责农业转基因生物进口的安全管理工作。国家农业转基因生物安全委员会负责农业转基因生物进口的安全评价工作。

第四条 对于进口的农业转基因生物，按照用于研究和试验的、用于生产的以及用作加工原料的三种用途实行管理。

第二章 用于研究和试验的农业转基因生物

第五条 从中华人民共和国境外引进安全等级Ⅰ、Ⅱ的农业转基因生物进行实验研究的，引进单位应当向农业转基因生物安全管理办公室提出申请，并提供下列材料：

（一）农业部规定的申请资格文件；

（二）进口安全管理登记表；

（三）引进农业转基因生物在国（境）外已经进行了相应的研究的证明文件；

（四）引进单位在引进过程中拟采取的安全防范措施。

经审查合格后，由农业部颁发农业转基因生物进口批准文件。引进单位应当凭此批准文件依法向有关部门办理相关手续。

第六条 从中华人民共和国境外引进安全等级Ⅲ、Ⅳ的农业转基因生物进行实验研究的和所有安全等级的农业转基因生物进行中间试验的，引进单位应当向农业部提出申请，并提供下列材料：

（一）农业部规定的申请资格文件；

（二）进口安全管理登记表；

（三）引进农业转基因生物在国（境）外已经进行了相应研究或试验的证明文件；

（四）引进单位在引进过程中拟采取的安全防范措施；

（五）《农业转基因生物安全评价管理办法》规定的相应阶段所需的材料。经审查合格后，由农业部颁发农业转基因生物进口批准文件。引进单位应当凭此批准文件依法向有关部门办理相关手续。

第七条　从中华人民共和国境外引进农业转基因生物进行环境释放和生产性试验的，引进单位应当向农业部提出申请，并提供下列材料：

（一）农业部规定的申请资格文件；

（二）进口安全管理登记表；

（三）引进农业转基因生物在国（境）外已经进行了相应的研究的证明文件；

（四）引进单位在引进过程中拟采取的安全防范措施；

（五）《农业转基因生物安全评价管理办法》规定的相应阶段所需的材料。经审查合格后，由农业部颁发农业转基因生物安全审批书。引进单位应当凭此审批书依法向有关部门办理相关手续。

第八条　从中华人民共和国境外引进农业转基因生物用于试验的，引进单位应当从中间试验阶段开始逐阶段向农业部申请。

第三章　用于生产的农业转基因生物

第九条　境外公司向中华人民共和国出口转基因植物种子、种畜禽、水产苗种和利用农业转基因生物生产的或者含有农业转基因生物成分的植物种子、种畜禽、水产苗种、农药、兽药、肥料和添加剂等拟用于生产应用的，应当向农业部提出申请，并提供下列材料：

（一）进口安全管理登记表；

（二）输出国家或者地区已经允许作为相应用途并投放市场的证明文件；

（三）输出国家或者地区经过科学试验证明对人类、动植物、微生物和生态环境无害的资料；

（四）境外公司在向中华人民共和国出口过程中拟采取的安全防范措施。

（五）《农业转基因生物安全评价管理办法》规定的相应阶段所需的材料。

第十条　境外公司在提出上述申请时，应当在中间试验开始前申请，经审批同意，试验材料方可入境，并依次经过中间试验、环境释放、生产性试验三个试验阶段以及农业转基因生物安全证书申领阶段。

中间试验阶段的申请，经审查合格后，由农业部颁发农业转基因生物进口批准文件，境外公司凭此批准文件依法向有关部门办理相关手续。环境释放和生产性试验阶段的申请，经安全评价合格后，由农业部颁发农业转基因生物安全审批书，境外公司凭此审批书依法向有关部门办理相关手续。安全证书的申请，经安全评价合格后，由农业部颁发农业转基因生物安全证书，境外公司凭此证书依法向有关部门办理相关手续。

第十一条　引进的农业转基因生物在生产应用前，应取得农业转基因生物安全证书，方可依照有关种子、种畜禽、水产苗种、农药、兽药、肥料和添加剂等法律、行政法规的规定办理相应的审定、登记或者评价、审批手续。

第四章　用作加工原料的农业转基因生物

第十二条　境外公司向中华人民共和国出口农业转基因生物用作加工原料的，应当向农业部申请领取农业转基因生物安全证书。

第十三条　境外公司提出上述申请时，应当按照相关安全评价指南的要求提供下列材料：

（一）进口安全管理登记表；

（二）安全评价申报书（见《农业转基因生物安全评价管理办法》附录Ⅴ）；

（三）输出国家或者地区已经允许作为相应用途并投放市场的证明文件；

（四）输出国家或者地区经过科学试验证明对人类、动植物、微生物和生态环境无害的资料；

（五）按要求提交农业转基因生物样品、对照样品及检测所需的试验材料、检测方法；

（六）境外公司在向中华人民共和国出口过程中拟采取的安全防范措施。

农业部收到申请后，应当组织农业转基因生物安全委员会进行安全评价，并委托具备检测条件和能力的技术检测机构进行检测；安全评价合格的，经农业部批准后，方可颁发农业转基因生物安全证书。

第十四条　在申请获得批准后，再次向中华人民共和国提出申请时，符合同一公司、同一农业转基因生物条件的，可简化安全评价申请手续，并提供以下材料：

（一）进口安全管理登记表；

（二）农业部首次颁发的农业转基因生物安全证书复印件；

（三）境外公司在向中华人民共和国出口过程中拟采取的安全防范措施。

经审查合格后，由农业部颁发农业转基因生物安全证书。

第十五条　境外公司应当凭农业部颁发的农业转基因生物安全证书，依法向有关部门办理相关手续。

第十六条　进口用作加工原料的农业转基因生物如果具有生命活力，应当建立进口档案，载明其来源、贮存、运输等内容，并采取与农业转基因生物相适应的安全控制措施，确保农业转基因生物不进入环境。

第十七条　向中国出口农业转基因生物直接用作消费品的，依照向中国出口农业转基因生物用作加工原料的审批程序办理。

第五章　一般性规定

第十八条　农业部应当自收到申请人申请之日起270日内做批准或者不批准的决定，并通知申请人。

第十九条　进口农业转基因生物用于生产或用作加工原料的，应当在取得农业部颁发的农业转基因生物安全证书后，方能签订合同。

第二十条　进口农业转基因生物，没有国务院农业行政主管部门颁发的农业转基因生物安全证书和相关批准文件的，或者与证书、批准文件不符的，作退货或者销毁处理。

第二十一条　本办法由农业部负责解释。

第二十二条　本办法自2002年3月20日起施行。

农业转基因生物标识管理办法

(2002 年 1 月 5 日农业部令第 10 号公布，2004 年 7 月 1 日农业部令第 38 号、2017 年 11 月 30 日农业部令 2017 年第 8 号修订)

第一条　为了加强对农业转基因生物的标识管理，规范农业转基因生物的销售行为，引导农业转基因生物的生产和消费，保护消费者的知情权，根据《农业转基因生物安全管理条例》（以下简称《条例》）的有关规定，制定本办法。

第二条　国家对农业转基因生物实行标识制度。实施标识管理的农业转基因生物目录，由国务院农业行政主管部门商国务院有关部门制定、调整和公布。

第三条　在中华人民共和国境内销售列入农业转基因生物标识目录的农业转基因生物，必须遵守本办法。

凡是列入标识管理目录并用于销售的农业转基因生物，应当进行标识；未标识和不按规定标识的，不得进口或销售。

第四条　农业部负责全国农业转基因生物标识的监督管理工作。

第五条　列入农业转基因生物标识目录的农业转基因生物，由生产、分装单位和个人负责标识；经营单位和个人拆开原包装进行销售的，应当重新标识。

第六条　标识的标注方法：

（一）转基因动植物（含种子、种畜禽、水产苗种）和微生物，转基因动植物、微生物产品，含有转基因动植物、微生物或者其产品成分的种子、种畜禽、水产苗种、农药、兽药、肥料和添加剂等产品，直接标注"转基因××"。

（二）转基因农产品的直接加工品，标注为"转基因××加工品（制成品）"或者"加工原料为转基因××"。

（三）用农业转基因生物或用含有农业转基因生物成分的产品加工制成的产品，但最终销售产品中已不再含有或检测不出转基因成分的产品，标注为"本产品为转基因××加工制成，但本产品中已不再含有转基因成分"或者标注为"本产品加工原料中有转基因××，但本产品中已不再含有转基因成分"。

第七条　农业转基因生物标识应当醒目，并和产品的包装、标签同时设计和印制。

难以在原有包装、标签上标注农业转基因生物标识的，可采用在原有包装、标签的基础上附加转基因生物标识的办法进行标注，但附加标识应当牢固、持久。

第八条　难以用包装物或标签对农业转基因生物进行标识时，可采用下列方式标注：

（一）难以在每个销售产品上标识的快餐业和零售业中的农业转基因生物，可以在产品展销（示）柜（台）上进行标识，也可以在价签上进行标识或者设立标识板（牌）进行标识。

（二）销售无包装和标签的农业转基因生物时，可以采取设立标识板（牌）的方式进行标识。

（三）装在运输容器内的农业转基因生物不经包装直接销售时，销售现场可以在容器上进行标识，也可以设立标识板（牌）进行标识。

（四）销售无包装和标签的农业转基因生物，难以用标识板（牌）进行标注时，销售者应当以适当的方式声明。

（五）进口无包装和标签的农业转基因生物，难以用标识板（牌）进行标注时，应当在报检（关）单上注明。

第九条　有特殊销售范围要求的农业转基因生物，还应当明确标注销售的范围，可标注为"仅限于××销售（生产、加工、使用）"。

第十条　农业转基因生物标识应当使用规范的中文汉字进行标注。

第十一条　销售农业转基因生物的经营单位和个人在进货时，应当对货物和标识进行核对。

第十二条　违反本办法规定的，按《条例》第五十条规定予以处罚。

第十三条　本办法由农业部负责解释。

第十四条　本办法自 2002 年 3 月 20 日起施行。

附：第一批实施标识管理的农业转基因生物目录

1. 大豆种子、大豆、大豆粉、大豆油、豆粕

2. 玉米种子、玉米、玉米油、玉米粉（含税号为 11022000、11031300、11042300 的玉米粉）

3. 油菜种子、油菜籽、油菜籽油、油菜籽粕

4. 棉花种子

5. 番茄种子、鲜番茄、番茄酱

农业转基因生物安全评价管理办法

（2002 年 1 月 5 日农业部令第 8 号公布，2004 年 7 月 1 日
农业部令第 38 号、2016 年 7 月 25 日农业部令
2016 年第 7 号修订、2017 年 11 月 30 日农业部令 2017 年第 8 号修订）

第一章　总则

第一条　为了加强农业转基因生物安全评价管理，保障人类健康和动植物、微生物安全，保护生态环境，根据《农业转基因生物安全管理条例》（以下简称《条例》），制定本办法。

第二条　在中华人民共和国境内从事农业转基因生物的研究、试验、生产、加工、经营和进口、出口活动，依照《条例》规定需要进行安全评价的，应当遵守本办法。

第三条　本办法适用于《条例》规定的农业转基因生物，即利用基因工程技术改变基因组构成，用于农业生产或者农产品加工的植物、动物、微生物及其产品，主要包括：

（一）转基因动植物（含种子、种畜禽、水产苗种）和微生物；

（二）转基因动植物、微生物产品；

（三）转基因农产品的直接加工品；

（四）含有转基因动植物、微生物或者其产品成分的种子、种畜禽、水产苗种、农药、兽药、肥料和添加剂等产品。

第四条　本办法评价的是农业转基因生物对人类、动植物、微生物和生态环境构成的危险或者潜在的风险。安全评价工作按照植物、动物、微生物三个类别，以科学为依据，以个案审查为原则，实行分级分阶段管理。

第五条　根据《条例》第九条的规定设立国家农业转基因生物安全委员会，负责农业转基因生物的安全评价工作。国家农业转基因生物安全委员会由从事农业转基因生物研究、生产、加工、检验检疫、卫生、环境保护等方面的专家组成，每届任期五年。

农业部设立农业转基因生物安全管理办公室，负责农业转基因生物安全评价管理工作。

第六条　从事农业转基因生物研究与试验的单位是农业转基因生物安全

管理的第一责任人，应当成立由单位法定代表人负责的农业转基因生物安全小组，负责本单位农业转基因生物的安全管理及安全评价申报的审查工作。

从事农业转基因生物研究与试验的单位，应当制定农业转基因生物试验操作规程，加强农业转基因生物试验的可追溯管理。

第七条　农业部根据农业转基因生物安全评价工作的需要，委托具备检测条件和能力的技术检测机构对农业转基因生物进行检测，为安全评价和管理提供依据。

第八条　转基因植物种子、种畜禽、水产种苗，利用农业转基因生物生产的或者含有农业转基因生物成分的种子、种畜禽、水产种苗、农药、兽药、肥料和添加剂等，在依照有关法律、行政法规的规定进行审定、登记或者评价、审批前，应当依照本办法的规定取得农业转基因生物安全证书。

第二章　安全等级和安全评价

第九条　农业转基因生物安全实行分级评价管理。

按照对人类、动植物、微生物和生态环境的危险程度，将农业转基因生物分为以下四个等级：

安全等级Ⅰ：尚不存在危险；

安全等级Ⅱ：具有低度危险；

安全等级Ⅲ：具有中度危险；

安全等级Ⅳ：具有高度危险。

第十条　农业转基因生物安全评价和安全等级的确定按以下步骤进行：

（一）确定受体生物的安全等级；

（二）确定基因操作对受体生物安全等级影响的类型；

（三）确定转基因生物的安全等级；

（四）确定生产、加工活动对转基因生物安全性的影响；

（五）确定转基因产品的安全等级。

第十一条　受体生物安全等级的确定。

受体生物分为四个安全等级：

（一）符合下列条件之一的受体生物应当确定为安全等级Ⅰ：

1. 对人类健康和生态环境未曾发生过不利影响；

2. 演化成有害生物的可能性极小；

3. 用于特殊研究的短存活期受体生物，试验结束后在自然环境中存活的可能性极小。

（二）对人类健康和生态环境可能产生低度危险，但是通过采取安全控制措施完全可以避免其危险的受体生物，应当确定为安全等级Ⅱ。

（三）对人类健康和生态环境可能产生中度危险，但是通过采取安全控制措施，基本上可以避免其危险的受体生物，应当确定为安全等级Ⅲ。

（四）对人类健康和生态环境可能产生高度危险，而且在封闭设施之外尚无适当的安全控制措施避免其发生危险的受体生物，应当确定为安全等级Ⅳ。包括：

1. 可能与其他生物发生高频率遗传物质交换的有害生物；

2. 尚无有效技术防止其本身或其产物逃逸、扩散的有害生物；

3. 尚无有效技术保证其逃逸后，在对人类健康和生态环境产生不利影响之前，将其捕获或消灭的有害生物。

第十二条　基因操作对受体生物安全等级影响类型的确定。

基因操作对受体生物安全等级的影响分为三种类型，即增加受体生物的安全性；不影响受体生物的安全性；降低受体生物的安全性。

类型1　增加受体生物安全性的基因操作

包括：去除某个（些）已知具有危险的基因或抑制某个（些）已知具有危险的基因表达的基因操作。

类型2　不影响受体生物安全性的基因操作

包括：

1. 改变受体生物的表型或基因型而对人类健康和生态环境没有影响的基因操作；

2. 改变受体生物的表型或基因型而对人类健康和生态环境没有不利影响的基因操作。

类型3　降低受体生物安全性的基因操作

包括：

1. 改变受体生物的表型或基因型，并可能对人类健康或生态环境产生不利影响的基因操作；

2. 改变受体生物的表型或基因型，但不能确定对人类健康或生态环境影响的基因操作。

第十三条　农业转基因生物安全等级的确定。

根据受体生物的安全等级和基因操作对其安全等级的影响类型及影响程度，确定转基因生物的安全等级。

（一）受体生物安全等级为Ⅰ的转基因生物

1. 安全等级为Ⅰ的受体生物，经类型1或类型2的基因操作而得到的转基因生物，其安全等级仍为Ⅰ。

2. 安全等级为Ⅰ的受体生物，经类型3的基因操作而得到的转基因生物，如果安全性降低很小，且不需要采取任何安全控制措施的，则其安全等级仍为Ⅰ；如果安全性有一定程度的降低，但是可以通过适当的安全控制措施完全避免其潜在危险的，则其安全等级为Ⅱ；如果安全性严重降低，但是可以通过严格的安全控制措施避免其潜在危险的，则其安全等级为Ⅲ；如果安全性严重降低，而且无法通过安全控制措施完全避免其危险的，则其安全等级为Ⅳ。

（二）受体生物安全等级为Ⅱ的转基因生物

1. 安全等级为Ⅱ的受体生物，经类型1的基因操作而得到的转基因生物，如果安全性增加到对人类健康和生态环境不再产生不利影响的，则其安全等级为Ⅰ；如果安全性虽有增加，但对人类健康和生态环境仍有低度危险的，则其安全等级仍为Ⅱ。

2. 安全等级为Ⅱ的受体生物，经类型2的基因操作而得到的转基因生物，其安全等级仍为Ⅱ。

3. 安全等级为Ⅱ的受体生物，经类型3的基因操作而得到的转基因生物，根据安全性降低的程度不同，其安全等级可为Ⅱ、Ⅲ或Ⅳ，分级标准与受体生物的分级标准相同。

（三）受体生物安全等级为Ⅲ的转基因生物

1. 安全等级为Ⅲ的受体生物，经类型1的基因操作而得到的转基因生物，根据安全性增加的程度不同，其安全等级可为Ⅰ、Ⅱ或Ⅲ，分级标准与受体生物的分级标准相同。

2. 安全等级为Ⅲ的受体生物，经类型2的基因操作而得到的转基因生物，其安全等级仍为Ⅲ。

3. 安全等级为Ⅲ的受体生物，经类型3的基因操作得到的转基因生物，根据安全性降低的程度不同，其安全等级可为Ⅲ或Ⅳ，分级标准与受体生物的分级标准相同。

（四）受体生物安全等级为Ⅳ的转基因生物

1. 安全等级为Ⅳ的受体生物，经类型1的基因操作而得到的转基因生物，根据安全性增加的程度不同，其安全等级可为Ⅰ、Ⅱ、Ⅲ或Ⅳ，分级标准与受体生物的分级标准相同。

2. 安全等级为Ⅳ的受体生物，经类型2或类型3的基因操作而得到的转基因生物，其安全等级仍为Ⅳ。

第十四条 农业转基因产品安全等级的确定。

根据农业转基因生物的安全等级和产品的生产、加工活动对其安全等级的影响类型和影响程度，确定转基因产品的安全等级。

（一）农业转基因产品的生产、加工活动对转基因生物安全等级的影响分为三种类型：

类型1 增加转基因生物的安全性；

类型2 不影响转基因生物的安全性；

类型3 降低转基因生物的安全性。

（二）转基因生物安全等级为Ⅰ的转基因产品

1. 安全等级为Ⅰ的转基因生物，经类型1或类型2的生产、加工活动而形成的转基因产品，其安全等级仍为Ⅰ。

2. 安全等级为Ⅰ的转基因生物，经类型3的生产、加工活动而形成的转基因产品，根据安全性降低的程度不同，其安全等级可为Ⅰ、Ⅱ、Ⅲ或Ⅳ，分级标准与受体生物的分级标准相同。

（三）转基因生物安全等级为Ⅱ的转基因产品

1. 安全等级为Ⅱ的转基因生物，经类型1的生产、加工活动而形成的转基因产品，如果安全性增加到对人类健康和生态环境不再产生不利影响的，其安全等级为Ⅰ；如果安全性虽然有增加，但是对人类健康或生态环境仍有低度危险的，其安全等级仍为Ⅱ。

2. 安全等级为Ⅱ的转基因生物，经类型2的生产、加工活动而形成的转基因产品，其安全等级仍为Ⅱ。

3. 安全等级为Ⅱ的转基因生物，经类型3的生产、加工活动而形成的转基因产品，根据安全性降低的程度不同，其安全等级可为Ⅱ、Ⅲ或Ⅳ，分级标准与受体生物的分级标准相同。

（四）转基因生物安全等级为Ⅲ的转基因产品

1. 安全等级为Ⅲ的转基因生物，经类型1的生产、加工活动而形成的转基因产品，根据安全性增加的程度不同，其安全等级可为Ⅰ、Ⅱ或Ⅲ，分级标准与受体生物的分级标准相同。

2. 安全等级为Ⅲ的转基因生物，经类型2的生产、加工活动而形成的转基因产品，其安全等级仍为Ⅲ。

3. 安全等级为Ⅲ的转基因生物，经类型3的生产、加工活动而形成转基因产品，根据安全性降低的程度不同，其安全等级可为Ⅲ或Ⅳ，分级标准与受体生物的分级标准相同。

（五）转基因生物安全等级为Ⅳ的转基因产品

1. 安全等级为Ⅳ的转基因生物，经类型1的生产、加工活动而得到的转基因产品，根据安全性增加的程度不同，其安全等级可为Ⅰ、Ⅱ、Ⅲ或Ⅳ，分级标准与受体生物的分级标准相同。

2. 安全等级为Ⅳ的转基因生物，经类型2或类型3的生产、加工活动而得到的转基因产品，其安全等级仍为Ⅳ。

第三章　申报和审批

第十五条　凡在中华人民共和国境内从事农业转基因生物安全等级为Ⅲ和Ⅳ的研究以及所有安全等级的试验和进口的单位以及生产和加工的单位和个人，应当根据农业转基因生物的类别和安全等级，分阶段向农业转基因生物安全管理办公室报告或者提出申请。

第十六条　农业部依法受理农业转基因生物安全评价申请。申请被受理的，应当交由国家农业转基因生物安全委员会进行安全评价。国家农业转基因生物安全委员会每年至少开展两次农业转基因生物安全评审。农业部收到安全评价结果后按照《中华人民共和国行政许可法》和《条例》的规定做出批复。

第十七条　从事农业转基因生物试验和进口的单位以及从事农业转基因生物生产和加工的单位和个人，在向农业转基因生物安全管理办公室提出安全评价报告或申请前应当完成下列手续：

（一）报告或申请单位和报告或申请人对所从事的转基因生物工作进行安全性评价，并填写报告书或申报书；

（二）组织本单位转基因生物安全小组对申报材料进行技术审查；

（三）提供有关技术资料。

第十八条　在中华人民共和国从事农业转基因生物实验研究与试验的，应当具备下列条件：

（一）在中华人民共和国境内有专门的机构；

（二）有从事农业转基因生物实验研究与试验的专职技术人员；

（三）具备与实验研究和试验相适应的仪器设备和设施条件；

（四）成立农业转基因生物安全管理小组。

第十九条　报告农业转基因生物实验研究和中间试验以及申请环境释放、生产性试验和安全证书的单位应当按照农业部制定的农业转基因植物、动物和微生物安全评价各阶段的报告或申报要求、安全评价的标准和技术规范，办理报告或申请手续。

第二十条 从事安全等级为Ⅰ和Ⅱ的农业转基因生物实验研究，由本单位农业转基因生物安全小组批准；从事安全等级为Ⅲ和Ⅳ的农业转基因生物实验研究，应当在研究开始前向农业转基因生物安全管理办公室报告。

研究单位向农业转基因生物安全管理办公室报告时应当提供以下材料：

（一）实验研究报告书；

（二）农业转基因生物的安全等级和确定安全等级的依据；

（三）相应的实验室安全设施、安全管理和防范措施。

第二十一条 在农业转基因生物（安全等级Ⅰ、Ⅱ、Ⅲ、Ⅳ）实验研究结束后拟转入中间试验的，试验单位应当向农业转基因生物安全管理办公室报告。

试验单位向农业转基因生物安全管理办公室报告时应当提供下列材料：

（一）中间试验报告书；

（二）实验研究总结报告；

（三）农业转基因生物的安全等级和确定安全等级的依据；

（四）相应的安全研究内容、安全管理和防范措施。

第二十二条 在农业转基因生物中间试验结束后拟转入环境释放的，或者在环境释放结束后拟转入生产性试验的，试验单位应当向农业转基因生物安全管理办公室提出申请，经国家农业转基因生物安全委员会安全评价合格并由农业部批准后，方可根据农业转基因生物安全审批书的要求进行相应的试验。

试验单位提出前款申请时，应当按照相关安全评价指南的要求提供下列材料：

（一）安全评价申报书；

（二）农业转基因生物的安全等级和确定安全等级的依据；

（三）有检测条件和能力的技术检测机构出具的检测报告；

（四）相应的安全研究内容、安全管理和防范措施；

（五）上一试验阶段的试验总结报告；

申请生产性试验的，还应当按要求提交农业转基因生物样品、对照样品及检测方法。

第二十三条 在农业转基因生物安全审批书有效期内，试验单位需要改变试验地点的，应当向农业转基因生物安全管理办公室报告。

第二十四条　在农业转基因生物试验结束后拟申请安全证书的，试验单位应当向农业转基因生物安全管理办公室提出申请。

试验单位提出前款申请时，应当按照相关安全评价指南的要求提供下列材料：

（一）安全评价申报书；

（二）农业转基因生物的安全等级和确定安全等级的依据；

（三）中间试验、环境释放和生产性试验阶段的试验总结报告；

（四）按要求提交农业转基因生物样品、对照样品及检测所需的试验材料、检测方法，但按照本办法第二十二条规定已经提交的除外；

（五）其他有关材料。

农业部收到申请后，应当组织农业转基因生物安全委员会进行安全评价，并委托具备检测条件和能力的技术检测机构进行检测；安全评价合格的，经农业部批准后，方可颁发农业转基因生物安全证书。

第二十五条　农业转基因生物安全证书应当明确转基因生物名称（编号）、规模、范围、时限及有关责任人、安全控制措施等内容。

从事农业转基因生物生产和加工的单位和个人以及进口的单位，应当按照农业转基因生物安全证书的要求开展工作并履行安全证书规定的相关义务。

第二十六条　从中华人民共和国境外引进农业转基因生物，或者向中华人民共和国出口农业转基因生物的，应当按照《农业转基因生物进口安全管理办法》的规定提供相应的安全评价材料，并在申请安全证书时按要求提交农业转基因生物样品、对照样品及检测方法。

第二十七条　农业转基因生物安全评价受理审批机构的工作人员和参与审查的专家，应当为申报者保守技术秘密和商业秘密，与本人及其近亲属有利害关系的应当回避。

第四章　技术检测管理

第二十八条　农业部根据农业转基因生物安全评价及其管理工作的需要，委托具备检测条件和能力的技术检测机构进行检测。

第二十九条　技术检测机构应当具备下列基本条件：

（一）具有公正性和权威性，设有相对独立的机构和专职人员；

（二）具备与检测任务相适应的、符合国家标准（或行业标准）的仪器设备和检测手段；

（三）严格执行检测技术规范，出具的检测数据准确可靠；

（四）有相应的安全控制措施。

第三十条　技术检测机构的职责任务：

（一）为农业转基因生物安全管理和评价提供技术服务；

（二）承担农业部或申请人委托的农业转基因生物定性定量检验、鉴定和复查任务；

（三）出具检测报告，做出科学判断；

（四）研究检测技术与方法，承担或参与评价标准和技术法规的制修订工作；

（五）检测结束后，对用于检测的样品应当安全销毁，不得保留；

（六）为委托人和申请人保守技术秘密和商业秘密。

第五章　监督管理与安全监控

第三十一条　农业部负责农业转基因生物安全的监督管理，指导不同生态类型区域的农业转基因生物安全监控和监测工作，建立全国农业转基因生物安全监管和监测体系。

第三十二条　县级以上地方各级人民政府农业行政主管部门按照《条例》第三十九条和第四十条的规定负责本行政区域内的农业转基因生物安全的监督管理工作。

第三十三条　有关单位和个人应当按照《条例》第四十一条的规定，配合农业行政主管部门做好监督检查工作。

第三十四条　从事农业转基因生物试验、生产的单位，应当接受农业行政主管部门的监督检查，并在每年3月31日前，向试验、生产所在地省级和县级人民政府农业行政主管部门提交上一年度试验、生产总结报告。

第三十五条　从事农业转基因生物试验和生产的单位，应当根据本办法的规定确定安全控制措施和预防事故的紧急措施，做好安全监督记录，以备核查。

安全控制措施包括物理控制、化学控制、生物控制、环境控制和规模控制等。

第三十六条　安全等级Ⅱ、Ⅲ、Ⅳ的转基因生物，在废弃物处理和排放之前应当采取可靠措施将其销毁、灭活，以防止扩散和污染环境。发现转基因生物扩散、残留或者造成危害的，必须立即采取有效措施加以控制、消除，并向当地农业行政主管部门报告。

第三十七条　农业转基因生物在贮存、转移、运输和销毁、灭活时，应当采取相应的安全管理和防范措施，具备特定的设备或场所，指定专人管理并记录。

第三十八条　发现农业转基因生物对人类、动植物和生态环境存在危险时，农业部有权宣布禁止生产、加工、经营和进口，收回农业转基因生物安全证书，由货主销毁有关存在危险的农业转基因生物。

第六章　罚则

第三十九条　违反本办法规定，从事安全等级Ⅲ、Ⅳ的农业转基因生物实验研究或者从事农业转基因生物中间试验，未向农业部报告的，按照《条例》第四十二条的规定处理。

第四十条　违反本办法规定，未经批准擅自从事环境释放、生产性试验的，或已获批准但未按照规定采取安全管理防范措施的，或者超过批准范围和期限进行试验的，按照《条例》第四十三条的规定处罚。

第四十一条　违反本办法规定，在生产性试验结束后，未取得农业转基因生物安全证书，擅自将农业转基因生物投入生产和应用的，按照《条例》第四十四条的规定处罚。

第四十二条　假冒、伪造、转让或者买卖农业转基因生物安全证书、审批书以及其他批准文件的，按照《条例》第五十一条的规定处罚。

第四十三条　违反本办法规定核发农业转基因生物安全审批书、安全证书以及其他批准文件的，或者核发后不履行监督管理职责的，按照《条例》第五十三条的规定处罚。

第七章　附则

第四十四条　本办法所用术语及含义如下：

一、基因，系控制生物性状的遗传物质的功能和结构单位，主要指具有遗传信息的 DNA 片段。

二、基因工程技术，包括利用载体系统的重组 DNA 技术以及利用物理、化学和生物学等方法把重组 DNA 分子导入有机体的技术。

三、基因组，系指特定生物的染色体和染色体外所有遗传物质的总和。

四、DNA，系脱氧核糖核酸的英文名词缩写，是贮存生物遗传信息的遗传物质。

五、农业转基因生物，系指利用基因工程技术改变基因组构成，用于农业生产或者农产品加工的动植物、微生物及其产品。

六、目的基因，系指以修饰受体细胞遗传组成并表达其遗传效应为目的的基因。

七、受体生物，系指被导入重组 DNA 分子的生物。

八、种子，系指农作物和林木的种植材料或者繁殖材料，包括籽粒、果实和根、茎、苗、芽、叶等。

九、实验研究，系指在实验室控制系统内进行的基因操作和转基因生物研究工作。

十、中间试验，系指在控制系统内或者控制条件下进行的小规模试验。

十一、环境释放，系指在自然条件下采取相应安全措施所进行的中规模的试验。

十二、生产性试验，系指在生产和应用前进行的较大规模的试验。

十三、控制系统，系指通过物理控制、化学控制和生物控制建立的封闭或半封闭操作体系。

十四、物理控制措施，系指利用物理方法限制转基因生物及其产物在试验区外的生存及扩散，如设置栅栏，防止转基因生物及其产物从试验区逃逸或被人或动物携带至试验区外等。

十五、化学控制措施，系指利用化学方法限制转基因生物及其产物的生存、扩散或残留，如生物材料、工具和设施的消毒。

十六、生物控制措施，系指利用生物措施限制转基因生物及其产物的生存、扩散或残留，以及限制遗传物质由转基因生物向其他生物的转移，如设置有效的隔离区及监控区、清除试验区附近可与转基因生物杂交的物种、阻止转基因生物开花或去除繁殖器官、或采用花期不遇等措施，以防止目的基因向相关生物的转移。

十七、环境控制措施，系指利用环境条件限制转基因生物及其产物的生存、繁殖、扩散或残留，如控制温度、水分、光周期等。

十八、规模控制措施，系指尽可能地减少用于试验的转基因生物及其产物的数量或减小试验区的面积，以降低转基因生物及其产物广泛扩散的可能性，在出现预想不到的后果时，能比较彻底地将转基因生物及其产物消除。

第四十五条　本办法由农业部负责解释。

第四十六条　本办法自 2002 年 3 月 20 日起施行。1996 年 7 月 10 日农业部发布的第 7 号令《农业生物基因工程安全管理实施办法》同时废止。

关于指导做好涉转基因广告管理工作的通知

农科（执法）函〔2015〕第 18 号

各省、自治区、直辖市农业（农牧、农村经济）厅（局、委），新疆生产建设兵团农业局：

近年来，转基因食品安全性问题备受关注。在这样的舆论环境中，有的企业利用部分消费者对转基因技术的认知欠缺和焦虑心理，为追求自身利益而不顾市场规则，把"非转基因"作为卖点加以炒作，有的在广告词中使用比较性语言，暗示非转基因更安全。这种做法不仅违背《中华人民共和国广告法》等相关法规，导致行业无序竞争，更加剧了公众对转基因的恐慌情绪。事实上，通过安全评价的转基因产品与非转基因产品同样安全。

《中华人民共和国广告法》第四条规定，"广告不得含有虚假内容，不得欺骗和误导消费者"。第十条规定，"广告使用……引用语、应当真实、准确，并表明出处"。《中华人民共和国反不正当竞争法》第五条规定，"经营者不得采用下列不正当手段从事市场交易，损害竞争对手：……对商品质量作引人误解的虚假表示"。第九条规定，经营者不得利用广告或者其他办法，对商品的质量、制作成分、性能等作引人误解的虚假宣传。

为防止误导消费者，为转基因产品与非转基因产品营造公平的竞争环境，引导公众科学理性认识转基因，各省农业行政主管部门要与当地工商、食药等部门积极协调配合，依法加强对涉及转基因广告的监督管理工作。对我国未批准进口用作加工原料、未批准在国内进行商业化种植，市场上并不存在该转基因作物及其加工品的，禁止使用非转基因广告词；对我国已批准进口用作加工原料或在国内已经商业化种植，市场上确实存在该种转基因作物和非转基因作物及其加工品的，可以标明非转基因但禁止使用更健康、更安全等误导性广告词。

农业部科技教育司
2015 年 1 月 21 日

农业转基因生物加工审批办法

第一条 为了加强农业转基因生物加工审批管理，根据《农业转基因生物安全管理条例》的有关规定，制定本办法。

第二条 本办法所称农业转基因生物加工，是指以具有活性的农业转基因生物为原料，生产农业转基因生物产品的活动。

前款所称农业转基因生物产品，是指《农业转基因生物安全管理条例》第三条第（二）、第（三）项所称的转基因动植物、微生物产品和转基因农产品的直接加工品。

第三条 在中华人民共和国境内从事农业转基因生物加工的单位和个人，应当取得加工所在地省级人民政府农业行政主管部门颁发的《农业转基因生物加工许可证》（以下简称《加工许可证》）。

第四条 从事农业转基因生物加工的单位和个人，除应当符合有关法律、法规规定的设立条件外，还应当具备下列条件：

（一）与加工农业转基因生物相适应的专用生产线和封闭式仓储设施。

（二）加工废弃物及灭活处理的设备和设施。

（三）农业转基因生物与非转基因生物原料加工转换污染处理控制措施。

（四）完善的农业转基因生物加工安全管理制度。包括：

1. 原料采购、运输、贮藏、加工、销售管理档案；

2. 岗位责任制度；

3. 农业转基因生物扩散等突发事件应急预案；

4. 农业转基因生物安全管理小组，具备农业转基因生物安全知识的管理人员、技术人员。

第五条 申请《加工许可证》应当向省级人民政府农业行政主管部门提出，并提供下列材料：

（一）农业转基因生物加工许可证申请表；

（二）农业转基因生物加工安全管理制度文本；

（三）农业转基因生物安全管理小组人员名单和专业知识、学历证明；

（四）农业转基因生物安全法规和加工安全知识培训记录；

（五）农业转基因生物产品标识样本；

（六）加工原料的《农业转基因生物安全证书》复印件。

第六条 省级人民政府农业行政主管部门应当自受理申请之日起20个工

作日内完成审查。审查符合条件的，发给《加工许可证》，并及时向农业部备案；不符合条件的，应当书面通知申请人并说明理由。

省级人民政府农业行政主管部门可以根据需要组织专家小组对申请材料进行评审，专家小组可以进行实地考察，并在农业行政主管部门规定的期限内提交考察报告。

第七条　《加工许可证》有效期为三年。期满后需要继续从事加工的，持证单位和个人应当在期满前六个月，重新申请办理《加工许可证》。

第八条　从事农业转基因生物加工的单位和个人变更名称的，应当申请换发《加工许可证》。

从事农业转基因生物加工的单位和个人有下列情形之一的，应当重新办理《加工许可证》：

（一）超出原《加工许可证》规定的加工范围的；

（二）改变生产地址的，包括异地生产和设立分厂。

第九条　违反本办法规定的，依照《农业转基因生物安全管理条例》的有关规定处罚。

第十条　《加工许可证》由农业部统一印制。

第十一条　本办法自 2006 年 7 月 1 日起施行。

进出境转基因产品检验检疫管理办法

《进出境转基因产品检验检疫管理办法》已经2001年9月5日国家质量监督检验检疫总局局务会议审议通过，现予公布，自公布之日起施行。

二〇〇四年五月二十四日

第一章　总则

第一条　为加强进出境转基因产品检验检疫管理，保障人体健康和动植物、微生物安全，保护生态环境，根据《中华人民共和国进出口商品检验法》《中华人民共和国食品卫生法》《中华人民共和国进出境动植物检疫法》及其实施条例、《农业转基因生物安全管理条例》等法律法规的规定，制定本办法。

第二条　本办法适用于对通过各种方式（包括贸易、来料加工、邮寄、携带、生产、代繁、科研、交换、展览、援助、赠送以及其他方式）进出境的转基因产品的检验检疫。

第三条　本办法所称"转基因产品"是指《农业转基因生物安全管理条例》规定的农业转基因生物及其他法律法规规定的转基因生物与产品。

第四条　国家质量监督检验检疫总局（以下简称国家质检总局）负责全国进出境转基因产品的检验检疫管理工作，国家质检总局设在各地的出入境检验检疫机构（以下简称检验检疫机构）负责所辖地区进出境转基因产品的检验检疫以及监督管理工作。

第五条　国家质检总局对过境转移的农业转基因产品实行许可制度。其他过境转移的转基因产品，国家另有规定的按相关规定执行。

第二章　进境检验检疫

第六条　国家质检总局对进境转基因动植物及其产品、微生物及其产品和食品实行申报制度。

第七条　货主或者其代理人在办理进境报检手续时，应当在《入境货物报检单》的货物名称栏中注明是否为转基因产品。申报为转基因产品的，除按规定提供有关单证外，还应当提供法律法规规定的主管部门签发的《农业转基因生物安全证书》（或者相关批准文件，以下简称批准文件）和《农业转基因生物标识审查认可批准文件》。

第八条 对于实施标识管理的进境转基因产品，检验检疫机构应当核查标识，符合农业转基因生物标识审查认可批准文件的，准予进境；不按规定标识的，重新标识后方可进境；未标识的，不得进境。

第九条 对列入实施标识管理的农业转基因生物目录（国务院农业行政主管部门制定并公布）的进境转基因产品，如申报是转基因的，检验检疫机构应当实施转基因项目的符合性检测，如申报是非转基因的，检验检疫机构应进行转基因项目抽查检测；对实施标识管理的农业转基因生物目录以外的进境动植物及其产品、微生物及其产品和食品，检验检疫机构可根据情况实施转基因项目抽查检测。

检验检疫机构按照国家认可的检测方法和标准进行转基因项目检测。

第十条 经转基因检测合格的，准予进境。如有下列情况之一的，检验检疫机构通知货主或者其代理人作退货或者销毁处理：

（一）申报为转基因产品，但经检测其转基因成分与批准文件不符的；

（二）申报为非转基因产品，但经检测其含有转基因成分的。

第十一条 进境供展览用的转基因产品，须获得法律法规规定的主管部门签发的有关批准文件后方可入境，展览期间应当接受检验检疫机构的监管。展览结束后，所有转基因产品必须作退回或者销毁处理。如因特殊原因，需改变用途的，须按有关规定补办进境检验检疫手续。

第三章 过境检验检疫

第十二条 过境的转基因产品，货主或者其代理人应当事先向国家质检总局提出过境许可申请，并提交以下资料：

（一）填写《转基因产品过境转移许可证申请表》；

（二）输出国家或者地区有关部门出具的国（境）外已进行相应的研究证明文件或者已允许作为相应用途并投放市场的证明文件；

（三）转基因产品的用途说明和拟采取的安全防范措施；

（四）其他相关资料。

第十三条 国家质检总局自收到申请之日起270日内做出答复，对符合要求的，签发《转基因产品过境转移许可证》并通知进境口岸检验检疫机构；对不符合要求的，签发不予过境转移许可证，并说明理由。

第十四条 过境转基因产品进境时，货主或者其代理人须持规定的单证和过境转移许可证向进境口岸检验检疫机构申报，经检验检疫机构审查合格的，准予过境，并由出境口岸检验检疫机构监督其出境。对改换原包装及变更过境线路的过境转基因产品，应当按照规定重新办理过境手续。

第四章　出境检验检疫

第十五条　对出境产品需要进行转基因检测或者出具非转基因证明的，货主或者其代理人应当提前向所在地检验检疫机构提出申请，并提供输入国家或者地区官方发布的转基因产品进境要求。

第十六条　检验检疫机构受理申请后，根据法律法规规定的主管部门发布的批准转基因技术应用于商业化生产的信息，按规定抽样送转基因检测实验室作转基因项目检测，依据出具的检测报告，确认为转基因产品并符合输入国家或者地区转基因产品进境要求的，出具相关检验检疫单证；确认为非转基因产品的，出具非转基因产品证明。

第五章　附则

第十七条　对进出境转基因产品除按本办法规定实施转基因项目检测和监管外，其他检验检疫项目内容按照法律法规和国家质检总局的有关规定执行。

第十八条　承担转基因项目检测的实验室必须通过国家认证认可监督管理部门的能力验证。

第十九条　对违反本办法规定的，依照有关法律法规的规定予以处罚。

第二十条　本办法由国家质检总局负责解释。

第二十一条　本办法自公布之日起施行。

附录二

农业转基因生物安全监督检验测试机构名单

类目	机构名称	依托单位
食用安全	农业部转基因生物使用安全监督检验测试中心	中国农业大学
	农业部转基因生物使用安全监督检验测试中心	天津市疾控中心
环境安全	农业部转基因植物环境安全监督检验测试中心（北京）	中国农科院植保所
	农业部转基因兽用微生物环境安全监督检验测试中心（北京）	中国农科院生物所
	农业部转基因兽用微生物环境安全监督检验测试中心（北京）	中国兽医药品监察所
	农业部转基因动物及饲料安全监督检验测试中心（北京）	中国农科院畜牧所
	农业部转基因生物生态环境安全监督检验测试中心（天津）	农业部天津环境保护科研监测所
	农业部转基因植物环境安全监督检验测试中心（长春）	吉林省农科院
	农业部转基因植物环境安全监督检验测试中心（上海）	上海市农科院
	农业部转基因植物环境安全监督检验测试中心（杭州）	中国农科院水稻所
	农业部转基因植物环境安全监督检验测试中心（济南）	山东省农科院
	农业部转基因植物环境安全监督检验测试中心（安阳）	中国农科院棉花所
	农业部转基因植物环境安全监督检验测试中心（武汉）	中国农科院油料所
	农业部转基因植物及植物用微生物环境安全监督检验测试中心（广州）	华南农业大学
	农业部转基因植物及植物用微生物环境安全监督检验测试中心（海口）	中国热带农科院生物技术研究所
	农业部转基因植物环境安全监督检验测试中心（成都）	四川省农科院分析测试中心
	农业部转基因烟草环境安全监督检验测试中心（青岛）	中国农科院烟草所
	农业部食品质量监督检验测试中心（武汉）	湖北省农科院

类目	机构名称	依托单位
产品成分	农业部种子及转基因生物产品成分监督检验测试中心（北京）	北京市种子管理站
	农业部转基因生物产品成分监督检验测试中心（合肥）	安徽省农科院水稻所
	农业部转基因生物产品成分监督检验测试中心（太原）	山西农业大学
	农业部转基因生物产品成分监督检验测试中心（哈尔滨）	东北农业大学
	农业部转基因生物产品成分监督检验测试中心（重庆）	重庆大学基因研究中心
	农业部农产品及转基因产品质量安全监督检验测试中心（天津）	天津市农科院
	农业部农产品质量安全监督检验测试中心（石家庄）	河北省农业环保监测站
	农业部甘蔗及制品质量监督检验测试中心	福建农林大学
	农业部小麦玉米种子质量监督检验测试中心	河南省种子管理站
	农业部农业环境质量监督检验测试中心（武汉）	湖北省农业生态环保站
	农业部农作物种子质量监督检验测试中心（西安）	陕西省种子管理站
	农业部农产品质量安全监督检验测试中心（呼和浩特）	内蒙古农科院测试分析中心
	农业部农产品质量安全监督检验测试中心（南京）	江苏省农产品质量检验中心
	农业部农产品质量安全监督检验测试中心（南昌）	江西省农产品质量安全检测中心
	农业部农产品质量安全监督检验测试中心（南昌）	江西省农产品质量安全检测中心
	农业部农产品质量安全监督检验测试中心（长沙）	湖南省农产品质量检验中心
	农业部农产品及转基因产品质量安全监督检验测试中心（杭州）	浙江省农科院质标所
	农业部农作物种子质量监督检验测试中心（深圳）	深圳市种子管理站
	农业部农产品质量监督检验测试中心（沈阳）	辽宁省农科院开放实验室
	农业部谷物及制品质量监督检验测试中心（哈尔滨）	黑龙江省农科院农产品质量安全检测中心
	农业部农产品质量监督检验测试中心（郑州）	河南省农科院
	农业部玉米种子质量监督检验测试中心（兰州）	甘肃省种子管理总站
	农业部转基因生物产品成分监督检验测试中心（上海）	上海交通大学

附录三

问卷编号：CCO$_1$P$_1$_____

中国城市消费者对转基因大米的消费意愿调查表

尊敬的女士/先生：

　　您好，我是中国农业大学经济管理学院的学生，诚挚地邀请您参加我们的问卷调查。本调查数据将用于有关中国大米消费者消费行为方面的研究，问卷内容主要包括转基因大米的消费意愿和转基因技术的认知情况。本问卷调查采用匿名方式进行，调查数据仅用于学术研究，并将严格保密。

　　感谢您抽出宝贵时间配合我们的问卷调查！

省（直辖市）	
市（区）	
县（街道）	
被调查人编号	
调查员	
调查日期（月/日/时）	

中国农业大学经济管理学院

2013 年 7 月

特别说明

1. 本调查为匿名调查，调查数据全部用于学术研究，并严格为调查对象保密；

2. 调查员必须逐一访问被调查者，如实填报，严禁编造数据；

3. 调查员必须始终保持对转基因食品的中立态度，切勿误导；

4. 调查过程中严防被调查者受外人意见干扰；

5. 调查员必须严格遵循问卷中的说法和顺序；

6. 调查员向被调查者阅读问卷内容时，要态度亲和、口齿清晰、语速适中；

7. 调查员务必提示被调查者在完成问卷以后一周内对问卷内容保密。

一、基本情况

1.1　请回答下列问题。

1.1.1	1.1.2	1.1.3	1.1.4	1.1.5	1.1.6	1.1.7
性别 1 = 男 2 = 女	年龄 （周岁）	受教育程度（编码见说明）	家庭人口数	居住地（编码见说明）	从业状况（编码见说明）	家庭月均收入（编码见说明）

说明：

　　1.1.3　受教育程度：1. 小学及以下，2. 初中或中专，3. 高中或高职，4. 大专或本科，5. 研究生及以上；

　　1.1.5　居住地：1. 直辖市或省会城市，2. 地级市，3. 县城，4. 镇；

　　1.1.6　从业状况：1. 公务员，2. 公司职员，3. 私营企业主或个体工商户，4. 工人，5. 农业劳动者，6. 失业人员，7. 退休人员，8. 学生，9. 军人，10. 自由职业者，11. 其他；

　　1.1.7　月收入：1. ≤ 1000 元，2. 1000 ~ 2999 元，3. 3000 ~ 4999 元，4. 5000 ~ 6999 元，5. 7000 ~ 8999 元，6. 9000 ~ 10999 元，7. 11000 ~ 19999 元，8. 20000 ~ 29999 元，9. 30000 ~ 39999 元，10. ≥ 40000 元。

1.2　您平均一天吃几顿大米?　_____

1.3　您家通常买大米的频率是?（请对其中一个选择项画圈）

1. 每两个月或者两个月以上买 1 次

2. 每月买 1 次

3. 每月买 2~3 次

4. 每周买 1 次

5. 每周买 2 次以上

6. 不购买，单位或他人赠送

1.4　您家里一般存放多少大米？（请对其中一个选择项画圈）

1.　<5 公斤

2. 5~10 公斤

3. >10 公斤

二、认识水平

2.1　请判断下列说法是否正确。（在相应空格中画√）

说法	1. 对	2. 错	3. 不知道
2.1.1　污水中有一些细菌			
2.1.2　孩子的性别是由父亲的基因决定的			
2.1.3　转基因食物中含有基因，普通食物中不含基因			
2.1.4　一个人吃了转基因食物，他的基因会发生变化			
2.1.5　把动物基因转入到植物中是不可能的			
2.1.6　把鱼的基因转入某一食物中，该食物会有鱼味			

2.2　您是否听说过下列名词？

A	B	C	D		
名词	是否看到或听到过？ 1 是（继续） 2 否（下一行）	从哪里听到的？ （可多选）	经常听到吗？		
			1 经常	2 偶尔	3 仅一两次
2.2.1　杂交育种技术					
2.2.2　基因					
2.2.3　生物技术					
2.2.4　转基因食品					
C 选项：1. 电视广播，2. 报刊或杂志，3. 网络，4. 亲戚或朋友，5. 其他（在相应空格中注明）					

2.3　您对转基因大米的了解程度是？（请对其中一个选择项画圈）

1. 非常了解（知道转基因稻米的优缺点）

2. 了解一些（仅知道转基因稻米的基本情况）

3. 听说过，但了解得非常少（只听说过转基因稻米，但不甚了解）

4. 完全不了解（对此知识没有涉猎）

5. 不知道/拒绝回答

2.4　您是否听说过"2012 年黄金大米事件"？（请对其中一个选择项画圈）

1. 是的（了解事情的来龙去脉）

2. 是的（听说过但没有深入了解）

3. 没有（没有听说过）

2.5　您认为下列哪些渠道提供的食品信息（广告除外）比较可信、公正？（请对选择项画圈，可多选）

1. 电视或广播

2. 报刊或杂志

3. 网络

4. 亲戚或朋友

5. 都不可信

6. 其他（注明）_____

三、基本态度

3.1　如果下列转基因食品已经生产出来，请回答下列问题。

A	B
转基因农作物	对该食品的态度： 1. 完全接受（100%） 2. 比较接受（75%） 3. 中立（50%） 4. 比较反对（25%） 5. 非常反对（0%） 6. 不知道
3.1.1　用转基因大豆加工的大豆油	
3.1.2　用转基因玉米做饲料生产的畜产品	
3.1.3　抗虫转基因大米	
3.1.4　改善营养的转基因大米	

四、支付意愿

请阅读下面的文字并回答问题。

转基因水稻是利用现代基因技术将特定的基因片段植入到普通水稻的基因序列中而形成的新品种水稻，该品种水稻会在性状和营养品质方面发生改变。

转基因大米的优点为：

1. 能够减少40%～60%的农药使用量，为种植者节约9个工作日的农药喷洒时间。

2. 减轻了由于农药过度使用而造成的水污染和土壤肥力退化问题，缓解了生产与环境生态问题之间的矛盾。

3. 降低了种植者由于农药喷洒而造成的农药中毒的比率。

4. 能够增加维生素A的吸收，食用此大米可将人体对维生素A的摄取量提高8%。

5. 食用此大米可以提高孕期和哺乳期妇女的免疫力，并预防由于维生素A缺乏所导致的儿童夜盲症。

转基因大米的缺点为：

1. 靶基因能够使转基因水稻抵抗病虫害，但不排除靶基因也会作用于包括益虫在内的非靶生物。

2. 不排除转基因水稻会将植入基因转移给其他普通水稻的可能性，大面积种植可能会导致此风险达到0.05%。

3. 由于病虫害的自我更新交替较快，不排除植入基因无法抵抗变异病虫害的可能性。

4. 食用转基因大米可能会导致概率微小的过敏反应。

5. 由于转基因技术的应用，转基因水稻在后代繁殖过程中可能会产生基因序列重组的现象，导致变异风险而出现不可知的性状和营养品质。

友情提示：我们随后开始的问卷内容属于消费意愿性质，也就是说，被调查者不必对自己的购买意愿真的付钱。这类调查容易产生消费者意愿购买行为与实际购买行为不一致的情况。一项有关消费意愿的研究结果显示，80%的被调查者表示他们会购买某食品，但当把这种食品真的摆在超市货架上的时候，却只有43%的被调查者实际购买了这种食品。为了避免出现这类现象，请您在回答下面的转基因大米消费意愿问题时，想象您正在超市购买大米，"如果我决定购买转基因大米，那么我必须付钱！"

4.1 如果您购买大米时有两种选择：一种是普通非转基因大米；另一种

是转基因大米。在其他条件相同的情况下，如果两种大米的售价均为 5 元/公斤，您会买哪种？（请对其中一个选择项画圈）

1. 购买普通大米（转到 4.2）

2. 购买转基因大米（转到 4.3）

3. 两种都可以（转到 4.3）

4. 不买（转入调查表最后的说明部分，谢谢！）

4.2　如果您购买大米时有两种选择：一种是普通非转基因大米；另一种是转基因大米。在其他条件相同的情况下，如果普通大米的售价为 5 元/公斤，转基因大米的售价为 4.75 元/公斤，您会买转基因大米吗？（请对其中一个选择项画圈）

1. 是（转到 4.4）

2. 否（转到 4.5）

4.3　如果您购买大米时有两种选择：一种是普通非转基因大米；另一种是转基因大米。在其他条件相同的情况下，如果普通大米的售价为 5 元/公斤，转基因大米的售价为 5.25 元/公斤，您会买转基因大米吗？（请对其中一个选择项画圈）

1. 是（转到 4.6）

2. 否（转到 4.7）

4.4　如果您购买大米时有两种选择：一种是普通非转基因大米；另一种是转基因大米。在其他条件相同的情况下，如果普通大米的售价为 5 元/公斤，转基因大米的售价为 4.875 元/公斤，您会买转基因大米吗？（请对其中一个选择项画圈）

1. 是

2. 否

4.5　如果您购买大米时有两种选择：一种是普通非转基因大米；另一种是转基因大米。在其他条件相同的情况下，如果普通大米的售价为 5 元/公斤，转基因大米的售价为 4.5 元/公斤，您会买转基因大米吗？（请对其中一个选择项画圈）

1. 是

2. 否

4.6　如果您购买大米时有两种选择：一种是普通非转基因大米；另一种是转基因大米。在其他条件相同的情况下，如果普通大米的售价为 5 元/公斤，转基因大米的售价为 5.5 元/公斤，您会买转基因大米吗？（请对其中一

个选择项画圈）

1. 是

2. 否

4.7 如果您购买大米时有两种选择：一种是普通非转基因大米；另一种是转基因大米。在其他条件相同的情况下，如果普通大米的售价为 5 元/公斤，转基因大米的售价为 5.125 元/公斤，您会买转基因大米吗？（请对其中一个选择项画圈）

1. 是

2. 否

五、信息接收情况

请判断下列陈述的真假。

5.1 前面的"友情提示"告诉您"意愿购买行为总是和实际情况一致"。

1. 真

2. 假

5.2 前面的"转基因大米介绍"告诉您"转基因稻米的大面积种植和广泛食用既不能改善环境也不能提高食用者的营养水平"。

1. 真

2. 假

5.3 前面的"转基因大米介绍"告诉您"转基因大米性状稳定，不会发生变异，抗虫力恒久，食用安全"。

1. 真

2. 假

[注明]

考虑到您的朋友或亲戚可能是我们下一个调查对象，请您在本次调查结束后一周以内不要与他人谈论本调查内容。

再次衷心感谢您配合本次问卷调查！

附录四

中国城市消费者对转基因大米的消费意愿调查

调查培训材料
(2013 年 6 月)

一、调查目的

本调查的目的是了解中国大米消费者对转基因大米的认知情况和支付意愿。

二、调查方式

本调查采用的调查方式是面对面的问卷调查。调查过程中最好仅有调查者与被调查者两人，如果有旁听者，旁听者将不能被作为本调查的调查对象。调查员要叮嘱旁听者不能与其他人员交流此调查的相关内容。

三、基本原则

（一）样本户和被调查者选取及编号规则

• 本次调查样本来自调查员的亲戚、朋友或者邻居；

• 旁观者不能作为本次调查的调查对象；

• 调查员在选取被调查者时，要注意被调查者性别、年龄、职业和收入的差异性，要选取年龄为 22 ~ 70 岁的被调查者，尽量少选在校学生和退休人员；

• 被调查者的编号由调查员按照调查顺序逐一编排，编号形式为调查员自己的编号 + 被调查者编号（如 01 ~ 30）。

（二）对调查员的要求

• 本调查为匿名调查，调查数据全部用于学术研究，并严格为调查对象保密；

• 调查员必须逐一访问被调查者，如实填报，严禁编造数据；

• 调查员必须始终保持对转基因食品的中立态度，切勿误导；

- 调查过程中严防被调查者受外人意见干扰；
- 调查员必须严格遵循问卷中的说法和顺序；
- 调查员向被调查者阅读问卷内容时，要态度亲和、口齿清晰、语速适中；
- 调查员务必提示被调查者在完成问卷以后一周内对问卷内容保密。

四、调查表指标说明

（一）基本情况

1.1.1　按表中提问进行；

1.1.2　按表中提问进行；

1.1.3

1＝小学及以下：受过完整小学教育的被调查对象，或者未完成小学学习年限或未受过小学教育的被调查对象；

2＝初中或中专：受过完整的初中或初中同等学力教育的被调查对象（学习年限为2~3年的技校、中专或其他培训学校）；

3＝高中或高职：受过完整的高中或高中同等学力教育的被调查对象（学习年限为2~3年的高等职业学校等）；

4＝大专或本科：并包括夜大、成人自学考试、远程教育（电视大学和网络教育）等方式获取的大专和本科学历的被调查对象；

5＝研究生及以上：高于本科学历的被调查对象，包括硕士和博士学位获得者；

1.1.4　共同居住生活的成员数为此家庭人口数；

1.1.5　调查员按照实际情况直接填报；

1.1.6　按表中提问进行；

1.1.7　按表中提问进行；

1.1.8　为全家的月平均收入，包括工资及其他各种来源收入（如房租、个人投资收入）；

1.2　以一周为期限计算的日平均食用大米的次数；

1.3　按表中提问进行；

1.4　先问存放几袋大米，再问每袋多少公斤。

（二）认识水平

2.1　当被调查者回答此部分的问题时，调查员不提供任何信息（问题解释除外），不得引导被调查者答题；在被调查者做问卷题目时，保持其自主答题性，调查员要提醒被调查者注意选项括号里的解释内容并给出相应答案；

2.2　调查员要确保被调查者理解括号内的说明内容，并选择相应选项；

2.3　按表中提问进行；

2.4　如果调查员被调查者问到什么是"黄金大米"及"黄金大米事件"，调查员应不予解释；

2.5　食品指居民日常食用的食物，不包括保健品。

（三）基本态度

3.1　调查员对所有转基因农作物不予任何解释，答题顺序为从左到右、从上到下。

（四）支付意愿

此部分调查内容是本次调查的关键部分，要求调查员给予特别的关注。

1. 信息部分

第一，调查员首先告诉被调查者，有段文字按要求必须朗读给被调查者听，请被调查者耐心些。第二，调查员朗读时，态度亲和，口齿清晰，保持中慢语速，以确保被调查者完全接收并理解了信息的内容。注意：如果被调查者提出自己阅读时，调查员应将相应问卷内容呈现给被调查者。

2. 友情提示部分

适度加重调查表中黑体部分的语音、语调，确保被调查者理解此部分内容的逻辑，即调查问卷得出的购买结果与实际情况不一致，被调查者需假想自己真实进行物品交易（现金现物交易）。

3. 支付意愿问题部分

首先调查者必须了解问卷设计顺序，顺序如下：

当问题4.1的答案为1（购买普通大米）时，转入问题4.2，当问题4.2的答案为1（是）时，转入问题4.4，作答完毕即转入第五部分；当问题4.2的答案为2（否）时，转入问题4.5，作答完毕即转入第五部分。

当问题4.1的答案为2（购买转基因大米）时，转入问题4.3，当问题4.3的答案为1（是）时，转入问题4.6，作答完毕即转入第五部分；当问题4.3的答案为2（否）时，转入问题4.7，作答完毕即转入第五部分。

当问题4.1的答案为3（两者均可）时，也转入问题4.3，当问题4.3的答案为1（是）时，转入问题4.6，作答完毕即转入第五部分；当问题4.3的答案为2（否）时，转入问题4.7，作答完毕即转入第五部分信息。

当问题4.1的答案为4（不购买任何大米）时，立即停止作答，直接转入调查表末端的说明部分。

另外，问卷中的部分价格是小数点后三位数，调查员提问时，按四舍五入的原则，将此数字转换成小数点后两位数。

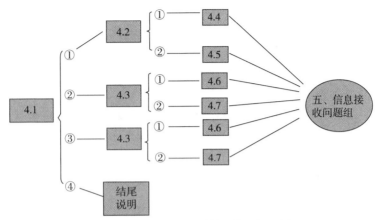

可以看出：每个被调查者回答的问题数不超过 3 题！

（五）信息接收情况

第一，在被调查者回答此部分的问题时，调查员要以中立的态度，不提供任何信息，不得引导被调查者答题，还应避免调查者前翻问卷寻找答案。

第二，调查员在提问问题时，要强调问题的来源，如"前面的'友情提示'告诉您""前面的'转基因大米介绍'告诉您"等。

五、特殊说明

（一）调查程序方面的注意事项

第一，调查结束后，立即复核，发现有疑问的地方，请被调查者予以纠正；

第二，调查结束后，调查员方可与被调查者交流相关的问卷内容；

第三，调查结束后并准备离开时，要告诉被调查者在本次调查问卷之后一周内不要与其他人讨论与此问卷相关的内容。

（二）其他事项

第一，调查中若有任何问题，请联系张熠婧（15810569616）、赵殷钰（13810329385）；

第二，必须将干净整洁的问卷复印一份，原件寄回学校，复印件自己保留，开学后回收复印件（注：复印费和邮寄费用另付）；

第三，必须在 7 月 15 日之前寄出，以快递件上的寄出时间为准。

邮寄地址：北京市海淀区清华东路 17 号中国农业大学东校区；邮编：100083；

收件人：张熠婧（15810569616）。

谢谢您的配合！

后　记

2012 年 9 月，我怀着期待、兴奋的心情来到北京，跨入中国农业大学的校门，开始攻读产业经济学博士学位，3 年的博士生活转瞬即逝。在 2015 年的冬天，博士论文终于定稿了，真是百感交集，最主要的是感恩，正是在老师、亲人和朋友的关怀下，我才能走到今天。

感谢我的导师郑志浩教授。从 2012 年 4 月在经济管理学院 2 号楼 201 办公室第一次与老师见面至今，我从不知道学术研究为何物的懵懂状态到能够独立承担研究项目，这一切都是老师循循善诱、言传身教的结果。记得刚入学的时候，为了指引我如何找到研究的问题，老师每次见我都不厌其烦地给我讲授；为了鼓励我紧扣问题，努力钻研，老师拿出别人写得较好的文章一字一句地讲解和说明。这些有针对性的教诲不仅在当时使我得到了启示，更是老师洞悉我性格中的弱点所给予我的专门指导，对我的一生都会产生深远的影响。老师告诉我，博士阶段最重要的是学会掌握、控制和管理一件事情，真正领悟从一种不确定的茫然到有效地掌控整个系统事件的感受和能力。正是在老师的谆谆教诲下，我才走上了学术研究的道路，做事也从"交作业"的态度转变为独立自觉地"掌握和管理一件事情"。身体受之父母，思想源于老师，师恩重于泰山，在此向郑老师表示深深的敬意和感谢！

感谢我的师兄孙昊、陈传峰，师妹赵殷钰、程申、高杨和师弟任建超。谢谢你们在我博士期间对我学习和生活的帮助，在我遇到困难和疑惑时给我的鼓励和支持，和你们的友谊是我研究生期间极为宝贵的收获。

感谢含辛茹苦养我成人的父母，你们的爱是我一生最宝贵的财富，给予我力量，支撑我前行。